爱阅读课程化丛书/快乐读书吧

爱阅读

# 山海经

立　人／主编

**无障碍精读版**
课外阅读佳作，爱阅读课程化丛书

分级阅读点拨·重点精批详注·名师全程助读·扫清阅读障碍

民主与建设出版社
·北京·

© 民主与建设出版社，2019

**图书在版编目（CIP）数据**

山海经 / 立人主编 . —北京：民主与建设出版社，
2019.7（2024.5 重印）
ISBN 978-7-5139-2539-6

Ⅰ . ①山…　Ⅱ . ①立…　Ⅲ . ①历史地理－中国－古代
Ⅳ . ① K928.631

中国版本图书馆 CIP 数据核字（2019）第 134328 号

## 山海经
### SHAN HAI JING

| | |
|---|---|
| 出 版 人 | 李声笑 |
| 主　　编 | 立　人 |
| 责任编辑 | 刘树民 |
| 封面设计 | 张　珺 |
| 出版发行 | 民主与建设出版社有限责任公司 |
| 电　　话 | （010）59417747　59419778 |
| 社　　址 | 北京市海淀区西三环中路 10 号望海楼 E 座 7 层 |
| 邮　　编 | 100142 |
| 印　　刷 | 三河市祥宏印务有限公司 |
| 版　　次 | 2019 年 8 月第 1 版 |
| 印　　次 | 2024 年 5 月第 5 次印刷 |
| 开　　本 | 165 毫米 ×235 毫米　1/16 |
| 印　　张 | 16 印张　　彩插　0.375 印张 |
| 字　　数 | 240 千字 |
| 书　　号 | ISBN 978-7-5139-2539-6 |
| 定　　价 | 24.80 元 |

注：如有印、装质量问题，请与出版社联系。

婴胡

双
双

# | 总序 |

高尔基曾说过"书籍是人类进步的阶梯"。随着人类文明的不断发展，古今中外无数的智者都通过书籍对人生做出了精辟的总结，它们是人类智慧的结晶，是思想的火花，是丰富的精神世界。在本丛书中，我们选编的都是世界文学史上一流的作品。选取这些精华，结集成册，献给我们深爱的读者，既是为了帮助家长和老师解决如何让学生树立良好的世界观、人生观和价值观这一重大课题，又是为了让学生在轻松阅读的同时，能够提高阅读水平、扩展知识、丰富精神世界。

就让我们一起来看看本丛书的与众不同之处吧。

## 一、选材广泛，形式和风格多样，集众家之长

选入本丛书的均为列入"语文课程标准"的作品，它们都是受国内外广泛赞誉的经典文学名著，对人们的精神世界产生过深远的影响。作为青少年的课外读物，它们题材和主题广泛，形式和风格多样，其中既有代表中国传统文化特色的章回体小说《西游记》《水浒传》《三国演义》《红楼梦》，教人笃思明辨的《资治通鉴》和"二十五史"，以及代表古代诗词曲最高成就的《唐诗三百首》《宋词三百首》《元曲三百首》等；又有代表世界文学成就的名著，诸如经典童话《小王子》《希腊神话》《一千零一夜》《安徒生童话》，经典小说《童年》《八十天环游地球》《海底

两万里》《汤姆叔叔的小屋》《苦儿流浪记》《少年维特之烦恼》《老人与海》等，还有代表中国现当代文学成就的名家名作，诸如《边城》《子夜》《骆驼祥子》《阿Q正传》《茶馆》《女神》，以及《宝葫芦的秘密》《稻草人》《野葡萄》等，让读者在不同的精神领域中获得不同的心灵享受。

## 二、没有严肃的说教，还原经典的本来面目

拒绝说教是我们选材的首要目标。这不是枯燥的几何题，为什么要说教？这不是语文课文要总结中心思想，为什么要加上枯燥无趣的讲解？经典之所以成为经典是因为它写出了人性最真实的诉求，给人生动而鲜活的印象。比如，小说作品有的是丰满的人物形象、引人入胜的故事情节以及充满想象力和幻想的文学世界，古诗词有的是充满诗情画意的画面和文采斐然的句子，而童话作品则贯穿着真善美的大爱主题，塑造了一个个终生难忘的童话形象。它们可以让读者在轻松的阅读中扩展知识面，感受生活之美，思考人生的价值，领会文学的无穷魅力。

## 三、版式新颖，边读边想，精彩互动

本丛书具有自己的特色，除选取权威的版本之外，我们加入了诸多有助于读者阅读理解的栏目。如在进入正文阅读之前，设置了"阅读准备"的板块，提供了包括"作家生平""创作背景""作品速览""文学特色"四个方面的内容，使读者在阅读原文之前就对文章的整体创作大环境和作者的相关情况有一个初步的了解。

随即便进入文章阅读环节。为了方便读者理解，在每篇文章开篇我们设置了"名师导读"的环节，读者可以迅速掌握本篇文章的宗旨和重点；在阅读正文过程中，读者可以看看正文旁边的"点评"栏目，这里有关于文章写作手法、修辞特点、遣词用句的点评，对于那些值得称道的画龙点睛之笔，读者可略加留意，多品味一下，对自己的写作能力会有很大的帮

助；如果遇到精彩之处，自己想加以点评的话，侧边栏也留出了"读书笔记"的位置，读者可以将自己的心得体会写进去，这样的精读方式对理解文章更有好处；在每篇文章的结尾处，根据需要酌情设计了"精华赏析""延伸思考""相关评价"（或"相关链接"）等板块，让读者在意犹未尽之际，进一步理解文章中的微言大义，在潜移默化中拓展视野，开阔眼界。

在书的结尾处，有的还设置了"阅读总结""阅读训练"板块，集合了"名家心得""读者感悟""阅读拓展""真题演练"等栏目，这些内容是对整本书内容的回溯，读者也可以检验自己的阅读效果。

一本好书，可以滋养人的一生。希望这套书能帮助读者在提高阅读欣赏水平、提高运用语言和写作能力的同时，从阅读中得到乐趣，拥有丰富的心灵、积极的人生态度，形成主动思考的习惯，进而对人生的意义有更深层次的思考和理解。

立人

写于北京

# 阅读领航

## 阅读准备

### ·作品速览·

《山海经》是中国一部记述古代志怪的古籍，大体是战国中后期到汉代初中期的楚国或巴蜀人所作，也是一部荒诞不经的奇书，该书作者不详，古人以为该书是"战国好奇之士取《穆王传》、杂records《庄》《列》《离骚》《周书》《晋乘》以成者"。现代学者也均认为成书并非出一时，作者亦非一人。

《山海经》全书现存18篇，其余篇章内容早佚，原共22篇共32650字，其藏山经5篇、海外经4篇、海内经5篇、大荒经4篇。《汉书·艺文志》为13篇，未把佚出的大荒经和海内经计算在内。山海经内容主要是民间传说中的地理知识，包括山川、道里、民族、物产、药物、祭祀、巫医等。保存了包括夸父逐日、女娲补天、精卫填海、大禹治水等不少脍炙人口的远古神话传说和寓言故事。

《山海经》具有非凡的文献价值，对中国历史、地理、文化、中外交通、民俗、神话等的研究，均有参考。其对矿物记录，更是世界上最早的有关文献。

《山海经》版本复杂，现可见最早版本为晋代郭璞《山海经传》。归《山海经》的名看《史记》经有提及。最早收录该书目的是《汉书·艺文志》。至于其真正作者，前人有认为是禹、伯益、夷坚、经西汉刘向、刘歆编校，才形成传世书籍；现多认为，具体成书年代及作者已无从确定。

### ·编章结构·

在班固《汉书·艺文志》中，著录有"《山海经》十三篇"，并将其列为"数术略"中"形法"类之首，但所列位置，内容早佚。传世《山海经》全书篇幅不大，不到三万二千字，包括《山经》和《海经》两大部分。

《山经》分为《山海经·南山经》《山海经·西山经》《山海经·北山经》《山海经·东山经》《山海经·中山经》5个部分，故《山经》又称作《五藏山经》（或作《五臧山经》），或，藏为古今字。

《海经》分为《山海经·海外经》《山海经·海内经》，其中《山海经·海外经》包括《山海经·海外南经》《山海经·海外西经》《山海经·海外北经》《山海经·海外东经》4个部分；《海内经》包括《山海经·海内南经》《山海经·海内西经》《山海经·海内北经》《山海经·海内东经》4个部分。

《大荒经》包括《山海经·大荒东经》《山海经·大荒南经》《山海经·大荒西经》《山海经·大荒北经》《海内经》5个部分。

《山海经》的篇章结构与众不同，像《大荒经》以下5篇，其方位展开顺序不是习以为常的东、南、西、北、而是有特定法的南、西、北、东，豪文通籍谱据为论据之一番点，《山海经》是古代方士（即古已叫和燃）人的作品。因此，故书真意，后人在多义其误。凡此，先素典籍甚多，经现代学者被据析，并未发现有与此类似的事例，因此，偏据单凭此点，今人少有采信。

---

"作家生平"，走近作家，一睹作家风采；"创作背景"，了解作品创作的时代背景；"作品速览"，把握故事全貌、主题意蕴；"文学特色"，发掘作品深刻的文学价值，以增进理解，提高阅读效率。

## 阅读总结

### 读者感悟

当我刚刚拿到《山海经》这本书的时候，觉得里面又是古文，又有很多的生僻字，读起来有定很阻力。但是当我真正地静下心，对照注释认真读起来的时候，就算读越有意思，就越发现其魅力及吸引力了。

#### 书中怪异的野兽很有趣

《山海经》之所以深受人们的喜爱，原因之一是里面记着很多奇异的兽，有些野兽长得怪但是没有攻击力；有些野兽叫声像婴儿哭，却会吃人；有些野兽的肉可以去病去灾；有些野兽会带来天灾；有些野兽会带来水旱……这样千奇百怪的野兽你不想瞧吗？

它们除了有趣以外，还引人深思，这些野兽是真的吗？如果是真的，为什么我没有见过？如果不是真的，为什么会写得这么生动有趣？其实它们真是是假并不重要，重要的是它们凝结了我国古代劳动人民丰富的想象力和惊人的智慧。

#### 书中的神话故事很有趣

《精卫填海》《女娲补天》《夸父逐日》《嫦娥奔月》等经典寓言故事，均取材于《山海经》，这些故事不仅写得非常有趣，而且留给读者极大的想象空间，是后人进行文学创作灵感的源泉。

### 书中丰富的想象很有趣

上古时代的人类由于文明落后，对很多自然现象没有正确的认识，于是就用丰富的想象力为编造神仙、神兽、神草等，来解释一些奇特的自然现象，这样既能让他们的精神世界更加丰富，又能给后人留下珍贵的财富。

在原始的上古时代，人们能够写出这种包罗万象的奇书，体现出他们无穷的创造力和智慧。结合现实，我现探体会到创造力的重要性，它不仅是古代文明发展的动力，也是现代文明更近一层的源泉。

### 阅读拓展

《山海经》是一部充满着神异色彩的著作，内容无奇不有，无所不包，蕴藏着丰富的地理学、神话学、民俗学、科学史、民族学、医学等学科的宝贵资料，它的学术价值涉及多个学科领域，它大量地、有条理地记载了中国的自然地理要素及人文地理的内容，如山系、水文、动物、植物、矿藏、国家地理、经济、社会文化风俗等，内心钻研，深入探讨，就不愁有新发现。

### 真题演练

一、选择题

1. 《北山经》山系的第一座山叫（　），山上有许多棕树，花草丰茂。
A. 藏山　B. 单狐山　C. 求如山　D. 带山

2. 太行山的第一座高大山峰叫（　），山上蕴藏着大量的金属矿和玉石。
A. 归山　B. 王屋山　C. 天池山　D. 大尧山

3.（　）中有一种名叫精卫的鸟，它常常衔西山的碎木和碎石来填埋

---

"名家心得"，听听名家怎么说；"读者感悟"，看看别人怎么想；"阅读拓展"，帮你丰富文学知识，增强艺术感受力；"真题演练"，考查阅读本书后的效果，是对阅读成果的巩固和总结。习题具有一定的延伸性和扩展性，对于没有回答上来的问题，读者可以借此发现阅读上的不足，心中带着疑问，为下一次的精读做好准备。

# 卷一 南山经

## 南山经

南山经之首，曰䧿山①，其首曰招摇之山，临于西海之上，多桂，多金玉。有草焉，其状如韭而青华②，其名曰祝余，食之不饥。有木焉，其状如穀③而黑理，其华四照，其名曰迷穀，佩之不迷。有兽焉，其状如禺④而白耳，伏行人走，其名曰狌狌⑤，食之善走。䧿麝之水出焉，而西流注于海，其中多育沛，佩之无瘕⑥疾。

**注释** ①南山经之首，曰䧿山：指南方的第一列山系叫䧿山。䧿，鹊的古字。②华，花。③穀，即构树。④禺，古书中的一种猿。⑤狌狌，即猩猩。⑥瘕，一种病，此处指肚子里的虫或病。

**译文** 南方首列山系叫作䧿山，䧿山组的头一座山叫招摇山，它屹立在西海岸边，山上长有很多桂树，又蕴藏着许多金子和玉石。山上生有一种草，叶子的形状就像韭菜，却开着青青色的花，这种草的名字叫祝余，人吃了它就不会感觉到饿。山中又有一种树，形状像构树，却有着黑色的纹理，而且光芒四射，它的名字叫迷穀，把它佩戴在身就不会迷失方向。山中有一种兽，它的外形像猿猴，但长着一对白色的耳朵，不仅可以匍匐行行，还可以像人一样直立行走，名叫狌狌，吃了它的肉就能跑得快。䧿麝水从此流出，向西流去，流入大海，水中有许多育沛，把育沛佩戴于身就可以不生蛊胀病。

3

**难点注释** 重难点字词注释，帮助学生理解与学习。

**详尽译文** 详尽又通俗的译文，引导学生快速掌握文章内容。

山海经
SHAN HAI JING

译麝之水从此流出，向南流向渚水。水中有种叫盒鰽的鱼，它的形状像雕却长着角，叫声像婴儿在哭闹，会吃人。

凡南次二经之首，自柜山至于漆吴之山，凡十七山，七千二百里。其神状皆龙身而鸟首。其祠：毛用一璧瘗，糈用稌。

**译文** 综观南山第二列山系，从柜山开始到漆吴之山为止，总共十七座山，蜿蜒七千二百里。诸山的山神都是龙的身子鸟的头。祭把它们时，将牲畜与一块璧共埋地下，祭神的米要用精选的稌米。

《南次二经》按照方位顺序介绍了南方第二列群山的基本情况，这些山都非常特别，有的山上有怪异的野兽；有的山上有金银玉石；有的山上没有草木；有的山上有砂石……

文章描写细腻生动，让读者如临其境，好似跟着作者的笔探究了一番。看到外表诡异的怪力时，会惊奇不已；看到长着四只眼睛睁地左右时，会担心发澡水；看到没有蹄喻法不死的趣时，觉得不可思议；看到叫声如婴儿只盘的盘雕时，会毛骨悚然。

本文想象奇特大胆，能够提高读者的阅读兴趣，丰富人们的想象力。

**相关评价** 在轻松阅读中开阔视野。

15

# Contents

# 目 录

## ·作品速览·

《山海经》是中国一部记述古代志怪的古籍，大体是战国中后期到汉代初中期的楚国或巴蜀人所作，也是一部荒诞不经的奇书。该书作者不详，古人认为该书是"战国好奇之士取《穆王传》，杂录《庄》《列》《离骚》《周书》《晋乘》以成者"。现代学者也均认为成书并非一时，作者亦非一人。

《山海经》全书现存 18 篇，其余篇章内容早佚。原共 22 篇约 32650字。共藏山经 5 篇、海外经 4 篇、海内经 5 篇、大荒经 4 篇。《汉书·艺文志》作 13 篇，未把晚出的大荒经和海内经计算在内。山海经内容主要是民间传说中的地理知识，包括山川、道里、民族、物产、药物、祭祀、巫医等。保存了包括夸父逐日、女娲补天、精卫填海、大禹治水等不少脍炙人口的远古神话传说和寓言故事。

《山海经》具有非凡的文献价值，对中国古代历史、地理、文化、中外交通、民俗、神话等的研究，均有参考，其中的矿物记录，更是世界上最早的有关文献。

《山海经》版本复杂，现可见最早版本为晋代郭璞《山海经传》。但《山海经》的书名《史记》便有提及，最早收录书目的是《汉书·艺文志》。至于其真正作者，前人有认为是禹、伯益、夷坚，经西汉刘向、刘歆编校，才形成传世书籍；现多认为，具体成书年代及作者已无从确证。

对于《山海经》的内容性质，古今学者有着不同的认识，如司马迁直言其内容过于荒诞无稽，所以作史时不敢以为参考，如鲁迅认为"巫觋、方士之书"。现大多数学者认为，《山海经》是一部早期有价值的地理著作。

## · 编章结构 ·

在班固《汉书·艺文志》中，著录有"《山海经》十三篇"，并将其列为"数术略"中"形法"类之首，但所列仅目，内容早佚。传世《山海经》全书篇幅不大，不到三万二千字，包括《山经》和《海经》两大部分。

《山经》分为《山海经·南山经》《山海经·西山经》《山海经·北山经》《山海经·东山经》《山海经·中山经》5 个部分，故《山经》又称作《五臧山经》（或作《五藏山经》，臧、藏为古今字）。

《海经》分为《山海经·海外经》《山海经·海内经》。其中《山海经·海外经》包括《山海经·海外南经》《山海经·海外西经》《山海经·海外北经》《山海经·海外东经》4 个部分；《海内经》包括《山海经·海内南经》《山海经·海内西经》《山海经·海内北经》《山海经·海内东经》4 个部分。

《大荒经》包括《山海经·大荒东经》《山海经·大荒南经》《山海经·大荒西经》《山海经·大荒北经》《海内经》5 个部分。

《山海经》的篇章结构与众不同。除《大荒经》以下 5 篇外，其方位展开顺序不是习以为常的东、南、西、北，而是有悖常法的南、西、北、东。蒙文通曾经据此为论据之一指出，《山海经》是古代南方（即古巴蜀和楚）人的作品，故在篇章安排上以南方为首，后人也多袭其说。但是，先秦典籍甚多，经现代学者梳理后，并未见到有与此类似的事例，因此，倘若单凭此点，今人少有采信。

# 卷一 南山经

# 南山经

南山经之首,曰䧿山<sup>①</sup>。其首曰招摇之山,临于西海之上,多桂,多金玉。有草焉,其状如韭而青华<sup>②</sup>,其名曰祝余,食之不饥。有木焉,其状如穀<sup>③</sup>而黑理,其华四照,其名曰迷穀,佩之不迷。有兽焉,其状如禺<sup>④</sup>而白耳,伏行人走,其名曰狌狌<sup>⑤</sup>,食之善走。丽麿之水出焉,而西流注于海,其中多育沛,佩之无瘕<sup>⑥</sup>疾。

**注释**

①南山经之首,曰䧿山,指南方的第一列山系叫䧿山。䧿,鹊的古字。②华,花。③穀,即构树。④禺,古书中的一种猴。⑤狌狌,即猩猩。⑥瘕,一种病,此处指腹中的蛊胀病。

**译文**

南方首列山系叫作䧿山,䧿山组的头一座山叫招摇山,它屹立在西海岸边,山上长有很多桂树,又蕴藏着许多金子和玉石。山上生有一种草,叶子的形状就像韭菜,却开着青色的花,这种草的名字叫祝余,人吃了它就不会感觉到饿。山中又有一种树,形状像构树,却有着黑色的纹理,而且光芒四射,它的名字叫迷穀,把它佩戴在身就不会迷失方向。山中有一种兽,它的外形像猿猴,但长着一对白色的耳朵,不仅可以匍匐前行,还可以像人一样直立行走,名叫狌狌,吃了它的肉就能跑得快。丽麿水从此流出,向西流去,流入大海,水中有许多育沛,把育沛佩戴于身就可以不生蛊胀病。

又东三百里①，曰堂庭之山②，多棪③木，多白猿，多水玉④，多黄金⑤。

**注释**

①里，毕沅《山海经新校正》卷一："《大戴礼》云，三百步而里。是古里短于今。"《五藏山经传》卷一："此经以周尺百六十六丈六尺为里，今又纵黍尺百八十丈为里，当周尺之二百五十丈，故每三百里得今之二百里也。"②堂庭之山，《五藏山经传》卷一："在今姜白穆庙之南，有隆列河自西来受，北偏西一水东迳庙南平流百五十里，屈而北少东，注赤水，象堂庭也。"③棪(yǎn)，木名。明方以智怀疑为橄榄，《通雅》卷四十三："《说文》'棪遬其也'笺曰：'与榄同，即椴棪。'则《山海经》堂庭山之棪亦榄邪？郭璞曰：'实似奈，赤，可食。'"然而这一猜想与郭璞注有矛盾，橄榄果既不是红色，也不像奈一样呈圆形。④水玉，即水晶。⑤黄金，古称金为黄金，银为白金，铜为赤金，然而历来的记载中名实混乱，《石雅·三五》下编举了大量例子证明这一点，并得出结论："黄金，金也，而不必尽为金；白金，银也，而不必尽为银；赤金，铜也，而亦不必尽为铜。"

白猿

**译文**

再往东三百里，叫堂庭山，山上有很多棪树，有很多白色猿猴，还盛产水晶石，并蕴藏着丰富的黄金。

又东三百八十里，曰猨翼之山①，其中多怪兽，水多怪鱼，多白玉，多蝮虫，多怪蛇，多怪木，不可以上。

**注释**

①猨翼之山，《五藏山经传》卷一："临拉穆错锡穆错池，池水象雌猿怀孕之形，故曰猨翼。翼犹冀也。冀从巽，古作𤑞，同𡖀，子未生也。从北，背也，孕者若却手于背也。鸟翼之翼在背若冀也。此池南受二水为猿足，西南二水入其腹，东北一水注其脑，又西北自颔下流出，注赤水，与尔北一水如横绳之县，故复号水曰宪翼也。"县，即悬。

**译文**

再往东三百八十里是猿翼山，山里有很多奇怪的野兽出没，水里面也生长着很多奇形怪状的鱼，还盛产白玉，有许多蝮蛇，还有很多奇怪的蛇，很多怪木，人们是没办法上去的。

又东三百七十里，曰杻阳之山①，其阳②多赤金，其阴多白金③。有兽焉，其状如马而白首，其文如虎而赤尾，其音如谣④，其名曰鹿蜀，佩之宜子孙。怪水⑤出焉，而东流注于宪翼之水⑥。其中多玄龟⑦，其状如龟而鸟首虺尾，其名曰旋龟，其音如判⑧木，佩之不聋，可以为底⑨。

**注释**

①杻(niǔ)阳之山，《五藏山经传》卷一："杻当作刀，羞也。丑阳之山，今郭拉岭也，以居怪水之阳，故名丑阳。"②阳，山南水北为阳。又，山北水南为阴。③白金，《石雅·三五》："乃《山海经》一书，历详金银铜铁锡，而独不及铅。考之，则其所以名之者亦复有异同焉。如《山海经·南山经》杻阳之山，其阳多赤金，其阴多白金。郭璞曰：'赤金，铜；白金，银也。'然如《中山经》玉山，其阳多铜，其阴多赤金。又明铜与赤金有别。《西山经》皋涂之山多银、黄金，槐江之山多黄金、银，大时、数历诸山并云多银，而泾谷之山乃云多白金，则银与白金亦似非一物矣。又如铜之属有赤铜，银之属有赤银，则赤铜与铜异，赤银亦与银异矣。锡则有白锡、有赤锡，锡之属又各不同矣。凡若此者，泥名以求之，去实亦愈远。《荀子·正名篇》云：'散名之加于万物者，则从诸夏之成俗曲期。远方异俗之乡，则因之而为通。'窃谓《山海经》一书率从诸夏成俗与远方异俗之名而称之，凡虫鱼草木鸟兽举莫不然，金石之属殆亦犹是，故不得谓异实者必尽异名，即同实者亦不必尽同名也。不明乎此，则必有诠释失据而莫知其非者矣。"这段话虽没有说明所谓赤金、白金到底是什么，却说明了《山海经》一书中许多看似很平常的名词，未必能用今天的词汇一一加以对应，这可以作为解续《山海经》的原则之一，故详为抄录于此。④谣，唱歌。⑤怪水，《五藏山经传》卷一："今佳隆鲁河，出山之西南，东北流会翁楚河。象穿齌，故曰怪。又象淫者，故曰丑。"⑥宪翼之水，《五藏山经传》卷一以为即上文猿翼之水："宪，县法也，横绳县之也。"⑦玄龟，大龟。《五藏山经传》卷一："即鹦龟，状如龟，长二三尺，两目在侧，如鸟，其声似鹦。亦似人斧木作声。"⑧判，剖开。⑨为，治疗。底，同"胝"，手足上的老茧。

再往东三百七十里，是杻阳山。山南面盛产金，山北面盛产白银。山中有一种野兽，形状像马却长着白色的头，身上的斑纹像老虎而尾巴却是红色的，吼叫的声音像人唱歌，名称是鹿蜀，人穿戴上它的毛皮就可以多子多孙。怪水从这座山发源，然后向东流入宪翼水。水中有众多暗红色的龟，形状像普通乌龟却长着鸟一样的头和蛇一样的尾巴，名称是旋龟，叫声像劈开木头时发出的响声，佩戴上它就能使人的耳朵不聋，还可以治愈脚底老茧。

又东三百里，曰柢山①，多水，无草木②。有鱼焉，其状如牛，陵居③，蛇尾有翼，其羽在鮁④下，其音如留牛⑤，其名曰鯥⑥，冬死而复⑦，食之无肿疾。

**注释**

①柢(dǐ)山，《五藏山经传》卷一："蓬楚藏布东源所出曰瓜查岭，盖即柢山。柢通舐，水形象兽角也。"②无草木，《山海经》介绍某地时常用"无"字，均直译作"没有"，但有些"没有"比较费解，如这里说"无草木"，下文甚至有说"无石"的，应该不会指山上没有草木和石头，或是说没有值得特别介绍的草木和石头，读者当自行留意。③陵，高地。陵居指住在高处。④鮁(xié)，鱼胁，即鱼的肋骨部位。⑤留牛，俞樾《读山海经》："留牛即犁牛也。留与犁本双声字，例得通。《东山经》'鳙鳙之鱼，其状如犁牛'郭注曰'牛似虎文'者，即此经犁牛也。"又《通雅》卷四十六："毛犀即氂牛。《尔雅》言摩牛，《山海经》之牸牛也。西人呼为竹牛。氂或作'犛'。"是以留牛、犁牛、氂牛、犛牛、氂牛、摩牛、竹牛、牸牛等同指一物，即今牦牛，下文又有作旄牛者。⑥鯥，音lù。⑦冬死复生，指动物的冬眠现象。

再往东三百里，叫柢山，山间多水流，没有草木。山上有鱼，形状像牛，住在高地，它尾巴像蛇，有翅膀，长在肋下，叫声像牦牛，名字叫鯥，到冬天就休眠，到夏天再苏醒过来，吃它的肉可以使人不患臃肿病。

旋龟

又东四百里，曰亶爰之山①，多水，无草木，不可以上。有兽焉，其状如狸而有髦，其名曰类，自为牝牡，食者不妒。

①亶爰之山，《五藏山经传》卷一："拜的城南有牙穆鲁克池，广二百三十馀里，周七八百里，中有三山，一名米纳巴，一名鸦博士，一名桑里。山下溪流甚多，时白时黑，或成五采，池水周绕不流，亦不涸，即亶爰之山也。亶通单，啴呼也。爰，援也，占文作'受'。单、受，所谓不可以上也。"啴，喘息。

译文

再向东四百里叫亶爰山，山上水流很多，但没有草木，人们是没有办法上去的。山上有一种野兽，它的形状像狸，但颈部还有毛发，它的名字叫作"类"，本身上雌雄同体，可以自己和自己来交配繁衍后代，人们吃了它的肉就不会有妒忌别人的念头了。

类

又东三百里，曰基山，其阳多玉，其阴多怪木。有兽焉，其状如羊，九尾四耳，其目在背，其名曰猼𧕡，佩之不畏。有鸟焉，其状如鸡而三首、六目、六足、三翼，其名曰鹐𪄆，食之无卧①。

①无卧，不睡觉，此处指可以很少睡觉。

译文

再向东三百里，有座山叫基山，玉石遍布南坡，而北坡生长着很多奇怪的树木。山中有一种野兽，长得像羊，却有九条尾巴、四只耳朵，眼睛长在背上，它的名字叫猼𧕡，人们只要佩戴了它的皮毛，就会变得勇敢无比。还有一种鸟，长得像鸡，却有三个头、六只眼睛、六条腿、三个翅膀，它的名字叫鹐𪄆，人们吃了它的肉，可以很少睡觉又精力充沛。

又东三百里，曰青丘之山，其阳多玉，其阴多青䨼①。有兽焉，其状如狐而九尾，其音如婴儿，能食人，食者不蛊②。有鸟焉，其状如鸠，其音若呵，名曰灌灌③，佩之不惑。英水出焉，南流注于即翼之泽④。其中多赤鱬⑤，其状如鱼而人面，其音如鸳鸯，食之不疥⑥。

①腹，青色颜料，是古代上等的颜料。②蛊，害人的热毒恶气。③鸠，斑鸠，鸟名。呵，呵斥、呼喊。灌灌，鸟名。④泽，水汇聚之处。⑤赤鱬，人鱼。⑥疥，疥疮。

灌灌

再往东三百里是青丘山，玉石遍布其南坡，而北坡有许多青色的颜料。山上生长着一种野兽，身形似狐狸却长了九条尾巴，叫声如婴儿在啼哭，会吃人，如果人吃了它的肉就可以防妖邪毒气。山中有一种鸟，像斑鸠，叫声却如同人在呼叫，它的名字是灌灌，把它的羽毛佩戴在身上可以不迷惑。英水从此发源，然后南流注入即翼泽中。泽中有很多人鱼，形状像普通的鱼，但长着一副人的面孔，它发出的声音像鸳鸯，吃了它的肉可以不生疥疮。

又东三百五十里，曰箕尾之山①，其尾踆②于东海，多沙石。汸水③出焉，而南流注于淯④，其中多白玉。

①箕尾之山，《五藏山经传》卷一："箕尾，箕山之尾也，山在今拜的城西南。"②踆，同"蹲"。③汸(fāng)水，《五藏山经传》卷一："有龙前河西南流会努金刚山水，北注赤水，其形长方，故名汸。"④淯，《五藏山经传》卷一："努金刚水形圆，似孕妇腹，故名淯。"

再往东三百五十里，叫箕尾山，山的尾部坐落在东海中，上面有很多沙石。汸水在这里发源，向南流注入淯水，水中多产白色玉石。

凡䧿山之首，自招摇之山，以至箕尾之山，凡十山，二千九百五十里。其神状皆鸟身而龙首。其祠之礼①：毛用一璋玉瘗②，糈用稌米，一璧，稻米，白菅为席③。

①祠,指祭祀。礼,祭祀的礼仪和形式。②毛,祭祀所用的带毛的牲畜,如鸡、狗、牛、猪、羊等。璋,用于祭祀的玉器。瘗,埋物祭地。③菅,草本植物,茅草类,叶子细长而尖,花绿色。席,降神所坐的席子。

综观鹊山第一列山系,从招摇山起到箕尾山止,共计十座山,蜿蜒二千九百五十里。山神都长着鸟的身子龙的头。人们祭祀山神的礼仪是将牲畜与一块璋玉一同葬于地下,祭祀的米选用粳稻米,还要一块璧和稻米,以白菅编织神的座席。

精华赏析

《南山经》以南方的第一座山——鹊山为起点,按照自西向东的方位顺序,依次介绍了招摇山、堂庭山、猨翼山、杻阳山、柢山、亶爰山、基山、青丘山和箕尾山上奇异的动植物和金银玉石,带领读者走进了一个荒诞、奇妙的世界。

文章思路清晰、描写细致、想象奇特大胆。文中一共写了十座山,按照方位顺序有条不紊地把每座山的特点写得生动有趣,给读者留下了深刻的印象,同时也留给读者无限的想象空间。

文章结构也非常完整,在结尾处对前文进行总结,同时介绍山神的样子,和人们祭祀山神的风俗,人和山神的加入让文章更贴近生活,更加有生气。

# 南次二经

　　《南次二经》之首，曰柜山①，西临流黄②，北望③诸毗④，东望长右⑤。英水⑥出焉，西南流注于赤水，其中多白玉，多丹粟⑦。有兽焉，其状如豚⑧，有距⑨，其音如狗吠，其名曰狸力，见则其县多土功。有鸟焉，其状如鸱⑩而人手，其音如痹，其名曰鴸，其名自号也⑪，见则其县多放士。

狸力

### 注释

　　①柜(jǔ)山，《五藏山经传》卷一："柜山，拉撒诏东北之央噶拉岭也。柜同巨，准器，盛水者也。岭东之噶尔招木伦江形方，似之。"
②流黄，《五藏山经传》卷一："流黄，泽名，即腾格里海。东西长二百八十里，南北广百四十五里，在拉撒西北三百二十里，所谓流黄辛氏之国者也。"③望，《山海经》的常用词，一般用于介绍与某山相毗邻的山，比较生动形象，但现代汉语不常用，故均直译作某面是某山。④诸毗，《五藏山经传》卷一："凡群水潴泽曰诸毗……此之诸毗谓喀拉诸池黑水上源也。"⑤长右，《五藏山经传》卷一据《广韵》改作"长舌"，"山在今拉里城西噶克布河西北，二源象人口，中有海子长数十里，受东南一水，象长舌也。"⑥英水，《五藏山经传》卷一："英水出岭西，今名拔布隆河。"⑦丹粟，细粒丹砂，主要成分为硫化汞，古代用作颜料，也作药用及提炼汞的原料。⑧豚，毕沅曰："别本'反'作'豚'。"俞樾《读山海经》："反字乃币字之误，古文'豕'字也。《说文》作夯，《玉篇》变作'币'，写者不识古文，因误为'反'矣。豕即豚也，故别本作豚。"⑨距，雄鸡、雉等腿的后面突出像脚趾的部分。⑩鸱(chī)，鹞鹰。⑪其名自号，指有些鸟兽的名字就是根据它们的叫声来的，现在人们熟知的鹧鸪、布谷等，本来就是该鸟叫声的象声词，后来变成了鸟名。下文"其名自讠十""其鸣自诐""其鸣自叫"等同此。

### 译文

　　南方第二列山系的第一座山叫作柜山，它屹立在腾格里海的东边，在

鹆

诸毗山的南边，长右山的西边。英水从这里流出，往西南方向流入，赤水中到处都是白玉，也有很多的细粒丹砂。山上有一种野兽，它的形状像普通的家猪，却长着鸡一样的爪子，声音像狗叫，它的名字叫作狸力，它的出现预示着那个县将会有很多治水、筑城、建造宫殿的工程。还有一种鸟，它的形状像鹞鹰，但却有一双人手，它的声音像雌鹌鹑，它的名字叫鹆，这个名字是根据它的叫声得来的，人们看见它就预示着那个县有很多被放逐的人。

东南四百五十里，曰长右之山，无草木，多水。有兽焉，其状如禺而四耳，其名长右，其音如吟[1]，见则郡县大水。

①吟，人的呻吟声。

往东南四百五十里，叫长右山，没有草木，但有很多水。山上有一种兽，形状像猿猴却长着四只耳朵，名叫长右，叫声像人呻吟，任何郡县一出现长右就会发生大水灾。

又东三百四十里，曰尧光之山[1]，其阳多玉，其阴多金。有兽焉，其状如人而彘鬣[2]，穴居而冬蛰，其名曰猾裹[3]，其音如斫木，见则县有大繇[4]。

注释

①尧光之山，《五藏山经传》卷一："尧光之山在今池州建德县西南，香口河所出也，东北有尧城镇，盖取山为名。"②彘(zhì)，野猪。古称野猪为彘，家猪为豕，但常有混称。鬣(liè)，兽类颈毛。③裹，"怀"的古字。④繇(yáo)，徭役。

译文

再往东南三百四十里，叫尧光山，山的南面多产玉，北面多产金。山上有一种野兽，形状像人而长有野猪的颈毛，冬季蛰伏在洞穴中，它的名叫猾裹，叫声像砍木头时发出的响声，在某地出现预示着那个县里会有大规模的徭役。

又东三百五十里，曰羽山，其下多水，其上多雨，无草木，多蝮虫。

再往东三百五十里，叫羽山，山下有很多水流，山上经常下雨，没有草木，有许多蝮蛇。

又东三百七十里，曰瞿父之山，无草木，多金玉。

再往东三百七十里叫瞿父山，山上没有草木，多产金和玉。

又东四百里，曰句余之山①，无草木，多金玉。

**注释**

①句余之山，《五藏山经传》卷一："句余之山，闽海两矶岸也，在福州罗源县东，其北似句，其南似余。余，食已而噍也。"句同勾，即钩；噍同嚼。

再向东四百里，有座山叫句余山，山上不生长草木，但盛产金和玉。

又东五百里，曰浮玉之山，北望具区①，东望诸毗。有兽焉，其状如虎而牛尾，其音如吠犬，其名曰彘，是食人。苕水出于其阴，北流注于具区，其中多鮆鱼②。

**注释**

①具区，今江苏太湖，盛产鮆鱼。②鮆鱼，即刀鱼，头长身狭而薄长。

鮆

再往东五百里是浮玉山，登上山顶，北边可以看到具区，向东可以看到诸毗水。

有一种叫彘的野兽，虎身牛尾，叫声像狗，名字叫彘，能吃人。苕水从浮玉山的北部流出，向北注入具区，泽中盛产鲨鱼。

又东五百里，曰夷山①，无草木，多沙石，湨水②出焉，而南流注于列涂③。

①夷山，《五藏山经传》卷一："句源之北，当荆浦溪之南岸，是为夷山。有马岭溪水，实湨北源，南流会西源之永安溪而东，象人裸仰，故曰夷。(夷从大，器也；从巳，蛇屈首也。裸仰之形也。)"器，指躯体。②湨水，《五藏山经传》卷一："又东南会南源之永宁江，总名为湨。湨从昊，犹猭也。犬欲卧矣视地也。诸水合形似之。"③列涂，《五藏山经传》卷一："又东注海梅罴南，是为列涂，诸小水比次多涂也。今海口东北有桥，名涂下也。"

再往东五百里，叫夷山，山上没有草木，到处是细沙石子，湨水在这里发源，向南流注入列涂水。

又东五百里，曰仆勾之山①，其上多金玉，其下多草木，无鸟兽，无水。

①仆勾之山，《五藏山经传》卷一："山在今将则城年楚河，象勾背而后有丛枝也。"

再往东五百里，叫仆勾山，山上多产金、玉，山下多草木，没有鸟兽，没有水。

又东五百里，曰咸阴之山①，无草木，无水。

①咸阴之山，《五藏山经传》卷一："即嵊县西北龙华山，在咸水之阴也。咸水，今双桥溪，西流入浦阳江而北注漾水也。"

再往东五百里，叫咸阴山，没有草木，没有水。

又东四百里,曰洵山,其阳多金,其阴多玉。有兽焉,其状如羊而无口,不可杀①也,其名曰䍃。洵水出焉,而南流注于阏之泽,其中多芘蠃②。

 **注释**

①不可杀,意思是不会死,此处指虽然无嘴进食,但却不会死。②芘蠃,指紫色的螺。蠃,通"螺"。

䍃

**译文**

再往东四百里是洵山,它的南坡遍布黄金,它的北坡蕴藏着丰富的玉石。山中有这样一种野兽,它形状似羊,却没有嘴,无法吃东西,却依然能生活,名叫䍃。洵水发源于这座山,向南流入阏泽,水中生长着许多紫色的螺。

又东五百里,曰区吴之山①,无草木,多沙石。鹿水出焉,而南流注于滂水。

 **注释**

①区吴之山,《五藏山经传》卷一:"环歙、休宁、绩溪三县皆区吴,而泽更所出之黄山为之首。"

**译文**

再向东五百里是区吴山,山上不生长草木,但沙石很多。鹿水从这里流出,向南流入滂水中。

又东五百里,曰鹿吴之山,上无草木,多金石。泽更之水出焉,而南流注于滂水。水有兽焉,名曰蛊雕①,其状如雕而有角,其音如婴儿之音,是食人。

**注释**

①蛊雕,鸟名,属于鹰类。

**译文**

再朝东五百里是鹿吴山,山上不生草木,却蕴藏着丰富的黄金和宝石。

泽更之水从此流出，向南流向滂水。水中有种叫蛊雕的野兽，它的形状像雕却长着角，叫声像婴儿在啼哭，会吃人。

凡南次二经之首，自柜山至于漆吴之山，凡十七山，七千二百里。其神状皆龙身而鸟首。其祠：毛用一璧瘗，糈用稌。

综观南山第二列山系，从柜山开始到漆吴山为止，总共十七座山，蜿蜒七千二百里。诸山的山神都是龙的身子鸟的头。祭祀它们时，将牲畜与一块璧共埋地下，祭神的米要用精选的稻米。

精华赏析

《南次二经》按照方位顺序介绍了南方第二列群山的基本情况，这些山都非常特别，有的山上有怪异的野兽；有的山上有金银玉石；有的山上没有草木；有的山上有砂石……

文章描写细致生动，让读者如临其境，好似跟着作者的笔探究了一番。看到外表怪异的狸力时，会惊奇不已；看到长着四只眼睛的长右时，会担心发洪水；看到没有嘴却饿不死的鹑时，觉得不可思议；看到叫声如婴儿哭泣般的蛊雕时，会毛骨悚然。

本文想象奇特大胆，能够提高读者的阅读兴趣，丰富人们的想象力。

# 南次三经

《南次三经》之首,曰天虞之山①,其下多水,不可以上。

①天虞之山,《五藏山经传》卷一:"天虞即庐山,为三天子都之一,东有七十二水,多瀑布,峰磴险峻,人踪罕及,故曰不可以上。"

南方第三列山系的第一座山叫天虞山,山下水流很多,人们没有办法上去。

东五百里,曰祷过之山,其上多金玉,其下多犀、兕①,多象。有鸟焉,其状如鵁②,而白首、三足、人面,其名曰瞿如,其鸣自号也。泿水出焉,而南流注于海。其中有虎蛟③,其状鱼身而蛇尾,其音如鸳鸯,食者不肿,可以已④痔。

犀　　　兕　　　象

①兕,独角兽,似水牛。②鵁,传说中的一种鸟,样子像野鸭子而小一些,脚长在接近尾巴的部位。③蛟,龙的一种。④已,停止。此处指治愈的意思。

译文

往东五百里是祷过山,山上遍布黄金美玉,山下生活着许多犀牛、独角兽和大象。山上有一种形状像鸡的鸟,头是白色的,长着三只脚还有一副人的面孔,名叫瞿如,它的叫声很像呼喊自己的名字。泿水从此流出,流向南方注入大海。其中有水兽叫虎蛟,它身似鱼尾巴却像蛇,叫声像鸳鹙，吃了它的肉不得水肿病，还可以治好痔疮。

又东五百里，曰丹穴之山，其上多金、玉。丹水出焉，而南流注于渤海①。有鸟焉，其状如鸡，五采②而文，名曰凤皇，首文曰德，翼文曰义，背文曰礼，膺③文曰仁，腹文曰信。是鸟也，饮食自然，自歌自舞，见则天下安宁。

①渤海，根据地理位置判断，应是指今南海。②五采，五颜六色，指色彩很丰富。采，通"彩"。③膺，胸。

再向东五百里是丹穴山，山上多金子和玉石。丹水从山中流出，向南流入渤海。山中有一种鸟，它的外形像鸡，身上的羽毛五彩斑斓并形成花纹，名字叫凤凰。它头上的花纹成"德"字形，翅膀上的花纹是"义"字形，背上的花纹是"礼"字形，胸脯上的花纹是"仁"字形，腹部的花纹是"信"字形。这种鸟，饮食取自自然，能歌善舞，它一出现天下就会太平。

又东五百里，曰发爽之山，无草木，多水，多白猿。汎水出焉，而南流注于渤海。

再朝东五百里有一座山叫发爽山，山上寸草不生，却有很多水流，又有很多白猿。汎水发源于此，流向南边的渤海。

又东四百里，至于旄山之尾①，其南有谷，曰育遗，多怪鸟，凯风②自是出。

①旄山之尾，《五藏山经传》卷一："河源诸小水象旄形，其山是为旄山。旄山东南历金沙东岸而至里木山之东，当里楚河拆而东流之，北岸是为旄山之尾。"②凯风，南风。

再往东四百里就到了旄山的尾端，尾端的南边有一个叫作育遗的峡谷，峡谷中有很多奇怪的鸟，南风从这里吹出来。

又东五百里，曰阳夹[①]之山，无草木，多水。

注释

①阳夹，《五藏山经传》卷一："阳夹，胁在腹前也。山在打箭炉南六十里，其北三池为泸河源，北流东注大渡河。东南一源为什丹河，亦注大渡河。西南为霸拉河，注雅龙江。自此而南，循山发水左右分注，统号之曰阳夹也。"

译文

再向东五百里就是阳夹山，山上没有草木，但有很多水。

又东五百里，曰鸡山，其上多金，其下多丹雘。黑水出焉，而南流注于海。其中有鲑[①]鱼，其状如鲋[②]而彘[③]毛，其音如豚[④]，见则天下大旱。

注释

①鲑，鱼名，产于洞庭湖，古代美味鱼之一。这里是指一种怪鱼，大旱的征兆。②鲋，古指鲫鱼。淡水鱼的一种，头尖，腹高，较常见。③彘，猪。④豚，小猪，泛指猪。

译文

再往东走五百里是鸡山，山上多产金子，山下多产朱红色的涂漆。黑水发源于此，向南流去注入海中。水中生长着鲑鱼，这种鱼的形状像鲫鱼却长着猪毛，它的叫声如小猪发出的声音，它一出现，就预示着天下大旱灾的发生。

鲑鱼

又东四百里，曰令丘之山[①]，无草木，多火[②]。其南有谷焉，曰中谷，条风[③]自是出。有鸟焉，其状如枭[④]，人面四目而有耳，其名曰颙[⑤]，其鸣自号也，见则天下大旱。

①令丘之山,《五藏山经传》卷一:"令丘即噶克布西北源所出之水西联藏河象屋脊,故曰令。(令同瓴,屋脊也)"②多火,《五藏山经传》卷一:"其东北源所出曰擦拉岭,东源曰偶公拉岭,南又有擦楮卡。唐古特语:擦,热也;拉,山也;楮,水也。即此经云多火矣。"③条风,东北风。④枭,猫头鹰一类的鸟,一般泛指鸱鸮科动物。⑤颙,音yú。

颙

**译文**

再往东四百里,叫令丘山,没有花草树木,到处是野火。山的南面有一峡谷,名叫中谷,东北风从这里吹出来。那里有一种鸟,形状像猫头鹰,长着人脸和四只眼睛,有耳朵,名字叫颙,是根据它自己的叫声得名的,它一出现天下就会大旱。

又东五百八十里,曰禺稾之山①,多怪兽,多大蛇。

**注释**

①禺稾之山,《五藏山经传》卷一:"禺稾之山在工布札木达城南。噶克布河在东,象禺。工布河象所持空稾也。"

**译文**

再往东五百八十里,是禺稾山,山上生长着许多奇怪的野兽和大蛇。

凡南次三经之首,自天虞之山以至南禺之山,凡一十四山,六千五百三十里。其神皆龙身而人面。其祠①皆一白狗祈②,稰用稌。

**注释**

①祠,祭祀。②祈,向神求祷。

**译文**

总计南方第三列山系,从天虞山起到南禺山止,总计十四座山,蜿蜒六千五百三十里。诸山之神灵都是龙身人脸。祭祀它们的礼仪是将白狗的血涂在祭器的缝隙处，再把祭品陈列于祭器之上，祀神的米也是稻米中选出来的精米。

精华赏析

《南次三经》对南方第三列群山做了分别介绍，文章构思之巧妙、涉及的山之多、内容之广泛，令人惊叹不已。

全文按照方位顺序娓娓道来，擅长用类比的修辞手法来描写各种野兽，让陌生的野兽在读者的心中留下深刻的印象，同时也能激发读者的想象力，使人百看不厌。

文章以山为单位，生动形象地描写了多种奇异的野兽，这样人们印象深刻的往往不是那些山，而是生活在山上的野兽，使内容多而不杂，体现出文章构思的巧妙。

本文也流露出作者的情感，例如凤凰的出现预示太平盛世，表达了作者对美好生活的向往。

# 卷二 西山经

# 西山经

西山经华山之首,曰钱来之山,其上多松,其下多洗石①。有兽焉,其状如羊而马尾,名曰羬羊②,其脂可以已腊。

①洗石,洗澡时用来去除污垢的石头。②羬,一种怪兽。

西山华山山系中的首座山是钱来山,山上长着许多松树,山下洗石遍地。山中有一种形状像羊却长着马尾巴的兽,名叫羬,它身上的油脂涂在人身上可以治疗皮肤皴裂。

又西六十里,曰太华之山①,削成而四方,其高五千仞②,其广十里,鸟兽莫居。有蛇焉,名曰肥 ,六足四翼,见则天下大旱。

①太华之山,指西岳华山,今陕西省华阴市境内。②仞,古代度量单位,一仞相当于八尺。

肥 

再朝西走六十里便是太华山,

山陡峭得如刀削斧砍，呈四方形，高五千仞，方圆十里，无飞鸟野兽。山中有一种叫肥蟥的蛇，长着六只脚、四只翅膀，它的出现，标志着大旱灾的发生。

又西八十里，曰小华之山[1]，其木多荆、杞，其兽多牸牛[2]，其阴多磬石[3]，其阳多璓玕[4]之玉。鸟多赤鷩[5]，可以御火。其草有萆荔[6]，状如乌韭，而生于石上，亦缘木而生，食之已心痛。

**注释**

①小华之山，今少华山，位于陕西省华阴市东南。②牸牛，山牛，即野牛。③磬石，石头，可以当作磬这种乐器来敲击。④璓玕，美玉名。⑤赤鷩，雉的一种，即锦鸡。⑥萆荔，一种香草。

**译文**

又往西八十里是小华山，山上的树木以荆木和枸杞居多，山中的兽类多为牸牛，背阴的北坡遍布磬石，南坡蕴藏着丰富的璓玕玉。鸟中多为赤鷩，养它可以防御火灾。山上产一种香草叫萆荔，形状像黑色的韭，长在石头上，缠绕树木而生长，吃了它可以治疗心痛病。

又西七十里，曰英山，其上多杻檀[1]，其阴多铁，其阳多赤金。禺水出焉，北流注于招水，其中多鲜鱼，其状如鳖，其音如羊。其阳多箭、𥱼，兽多牸牛、羬羊。有鸟焉，其状如鹑，黄身而赤喙，其名曰肥遗，食之已疠[2]，可以杀虫。

鲜鱼

**注释**

①杻，树木名，似棣树，但叶子较细。檀，檀树，木质坚硬，古人常用来制作车子。②疠，麻风病。

**译文**

再朝西七十里是英山，山上有很多杻树和檀树。山的北坡蕴藏着丰富的铁，赤

肥遗

金遍布在山的南坡。禺水发源于此，向北流入招水，水中多鲜鱼，长得很像鳖，它的叫声却如同羊。山的南坡盛产箭竹和𥳑竹，兽类中以牦牛和羬羊多见。有一种形状像鹌鹑的鸟，黄黄的身体红红的嘴，它的名字叫肥遗，吃了它可以治疗麻风病，还可以杀死肚子中的寄生虫。

又西五十二里，曰竹山，其上多乔木，其阴多铁。有草焉，其名曰黄蘿，其状如樗[1]，其叶如麻，白华而赤实，其状如赭[2]，浴之已疥，又可以已胕[3]。竹水出焉，北流注于渭，其阳多竹箭，多苍玉。丹水出焉，东南流注于洛水，其中多水玉，多人鱼。有兽焉，其状如豚而白毛，大如笄[4]而黑端，名曰豪彘[5]。

①樗，植物名。俗称"臭椿"。②赭，紫红色。③胕，水肿病。④笄，簪子，古代用金属、玉石制成的挽头发的饰物。⑤豪彘，豪猪，俗称箭猪。

**译文**

再朝西五十二里是竹山，山上乔木众多，山的北面蕴藏着大量的铁。山上有一种名叫黄蘿的草，它的外形像臭椿树，叶子像麻，开白色的花，结红色的果实，果实的颜色略带紫色，将它浸在水中洗澡可以治疗疥疮，还可以治疗水肿。竹水发源于此，向北流入渭水。大片竹箭生长在山的南面，多产苍玉。丹水从此流出，向东南流入洛水，丹水中多产水晶，很多人鱼生活在水中。有一种像小白猪的兽，白色的毛有簪子那么粗，顶端却是黑色的，名叫箭猪。

又西百七十里，曰南山，上多丹粟。丹水出焉，北流注于渭。兽多猛豹[1]，鸟多尸鸠[2]。

①猛豹，一种野兽，似熊，毛浅富有光泽，食蛇。豹，一说作"虎"。②尸鸠，布谷鸟。

**译文**

又往西一百七十里的地方叫南山，山上长着很多丹粟。丹水从此流出，流向北方的渭水。山中猛豹众多，鸟类中有很多布谷鸟。

又西三百二十里,曰嶓冢之山<sup>①</sup>,汉水出焉,而东南流注于沔;嚣水<sup>②</sup>出焉,北流注于汤水<sup>③</sup>。其上多桃枝钩端<sup>④</sup>,兽多犀、兕、熊、罴<sup>⑤</sup>,鸟多白翰<sup>⑥</sup>、赤鷩。有草焉,其叶如蕙<sup>⑦</sup>,其本<sup>⑧</sup>如桔梗,黑华而不实,名曰菁蓉<sup>⑨</sup>,食之使人无子。

白翰

**注释**

①嶓,音bō。②嚣水,吕调阳校作罻水,《五藏山经传》卷二:"灞水即罻水也,岭之正南曰红岭砭,为今甲河所出,东南会色河注汉水。"③汤水,《五藏山经传》卷二:"灞水北历辋川,西北会沪水,又西北会狗加川水。狗加川即下经之家水,北纳温水,合灞、温水即汤水也。"④钩端,郭璞曰:"桃枝属。"桃枝是《尔雅》中一种竹名,戴凯之《竹谱》不同意以桃枝为竹的说法,理由是《山海经》所指桃枝是木类,《尔雅》的桃枝是草类。然而《山海经》称桃枝、钩端时或木或草,且古人对于竹也或称为木或称为草,原无一定,即便在《山海经》本身也是如此,如称其木多籛,或称其木多竹箭籛菌,而"其草多竹"的说法又屡见。因此这里的桃枝、钩端,仍应是竹类。《广雅·释草》:"钩篃,桃支也",其字也属竹部。⑤罴(pí),熊的一种。俗称人熊或马熊。⑥白翰,郭璞曰:"白鹎也,亦名鹎雉,又曰白雉。"又作白鷨,即今雉科动物白鹇。⑦蕙,兰草一类的香草。⑧本,根。⑨菁(gū)蓉,杨慎《山海经补注》:"今名花骨空,凌霄花之类。"

**译文**

再往西三百二十里,叫嶓冢山,汉水在这里发源,向东南流入沔水;嚣水也在这里发源,向北流入汤水。山上到处是桃枝、钩端,兽类多是犀、兕、熊、罴,鸟类多是白翰、赤鷩。有一种草,叶子像蕙,根像桔梗,花是黑色的,不结果实,名叫菁蓉,吃了使人不育。

又西三百五十里,曰天帝之山,上多棕、枏,下多菅<sup>①</sup>、蕙。有兽焉,其状如狗,名曰溪边,席其皮者不蛊。有鸟焉,其状如鹑,黑文而赤翁<sup>②</sup>,名曰栎,食之已痔。有草焉,其状如葵,其臭如蘼芜,名曰杜衡<sup>③</sup>,可以走马,食之已瘿<sup>④</sup>。

栎

###  注释

①菅：植物名。②翁：指鸟脖子上的毛。③杜衡：一种香草。④瘿：脖子上的瘤子。

### 译文

再向西走三百五十里的地方是天帝山，山上到处生长着棕树和枏树，山下有很多菅草与蕙草。有一种形状像狗名叫溪边的野兽，用它的皮来做褥垫可以预防蛊病。有一种鸟，它的外形像鹌鹑，羽毛有黑色的花纹，脖子上却是红色的毛，名叫栎，吃了它的肉可以医治痔疮。有一种形状像葵名叫杜衡的草，发出的气味像蘼芜，佩戴它马就跑得快，吃了它，脖子上的肉瘤会自动消除。

又西百八十里，曰黄山，无草木，多竹箭。盼水出焉，西流注于赤水，其中多玉。有兽焉，其状如牛，而苍黑大目，其名曰㹇①。有鸟焉，其状如鸮，青羽赤喙，人舌能言，名曰鹦䳇②。

### 注释

①㹇，指小牛。②鹦䳇，即鹦鹉。

### 译文

再往西一百八十里的地方叫黄山，山上无草木但翠竹丛生。盼水发源于此，流向西边的赤水，水中多玉石。有一种形状像牛的兽，毛色苍黑，眼睛很大，它的名字叫㹇。还有一种形状像鹰、名叫鹦䳇的鸟，长着青色羽毛，红嘴，舌头和人的一样，能学人说话。

又西二百里，曰翠山，其上多棕、枏，其下多竹箭，其阳多黄金、玉，其阴多旄牛①、麢②、麝③；其鸟多鸓，其状如鹊，赤黑而两首四足，可以御火。

###  注释

①旄牛，即牦牛。②麢，似羊，角较大，喜欢吃精细的食物，常于山崖间活动。③麝，动物，像獐但比獐小，雄的能分泌麝香。

再朝西二百里是翠山，山上以棕树和枏树为多，山下箭竹丛生，山的南坡遍布黄金和玉石，山的北坡多牦牛、麢和香獐。山中的鸟以鸓为多，这种鸟长得像喜鹊，羽毛是黑色的，有两个头、四只脚，带着它可以防火灾。

又西二百五十里，曰騩山①，是錞于西海，无草木，多玉。凄水出焉，西流注于海，其中多采石、黄金，多丹粟。

**注释**

①騩(guī)山，《五藏山经传》卷二："马人立谓之騩。(经中名騩山者四，皆水形象马人立。)騩山，自大通河以西、湟水以东皆是也。"

再往西走二百五十里是騩山，屹立在西海岸边，山上没有花草树木，但很多玉。凄水从这里流出，向西流入海中，水中有很多采石、黄金和细粒丹砂。

凡西经之首，自钱来之山至于騩山，凡十九山，二千九百五十七里。华山冢①川也，其祠之礼：太牢②。羭山，神也，祠之用烛③，斋百日以百牺④，瘗用百瑜⑤，汤⑥其酒百樽，婴⑦以百珪⑧百璧。其余十七山之属，皆毛牷⑨用一羊祠之。烛者，百草之未灰，白席采等⑩纯⑪之。

**注释**

①冢，郭璞曰："冢者，神鬼之所舍也。"俞樾《读山海经》："毕氏《校正》曰：'《尔雅》曰，山顶曰冢。'《释诂》曰：'冢，大也。'愚按，郭说固望文生训，而毕说亦未安。用山顶之说，是犹曰'华山，顶也'；用'冢大'之说，是犹曰'华山，大也'，以文义论皆属不辞。今按下云'羭山神也'，两句为对文。冢犹君也，神犹臣也，盖言华山为君而羭山为臣。"②太牢，古代祭祀，牛羊豕三牲俱备为太牢。③烛，古代的烛是用干枯的植物，如芦苇、麻茎等浸蘸耐燃而火焰明亮的油脂用于照明，也就是下文所说的"百草之未灰"，相当于后来的火把，这种火把缩小以后就是油灯的雏形，在战国时期的文献中有记载。而现在所说的蜡烛则大约在魏晋时期才出现。④牺，古代祭祀用的纯色牲畜。⑤瑜，美玉。⑥汤(tàng)，郝懿行曰："今人呼温酒为'汤酒'本此。"⑦婴，郭璞曰："婴

谓陈之以环祭也。或曰婴即古罃字,谓盂也。"⑧珪,即圭,古代玉制礼器,长条形,上尖下方。⑨牷,色纯而形体完整的祭牲。⑩等,等差,古代祭祀礼仪用不同的祭物、仪式来区分受祭者的贵贱尊卑。⑪纯(zhǔn),边缘,镶边。这里是说众山神尊卑不同,都用白席,但席子的镶边用不同的色彩来区分它们的不同等级。

**译文**

总计西方第一列山系之首尾,从钱来山到騩山一共十九座山,二千九百五十七里。华山是众神之君,祭祀的礼仪:用太牢。羭山是华山的臣属,祭祀它的礼仪:用烛,斋戒一百天,用一百种纯毛色的牲畜,埋一百块美玉,烫上一百樽酒,还要环绕陈列珪和璧各一百块。其余十七座山的山神,都用一头完整纯色的羊祭祀。所谓烛,就是没有烧过的百草,白色的席子周边按山神的等级镶上相应的色边。

精华赏析

《西山经》按照自东向西的方位顺序,分别对西方第一列山——华山及其群山做了介绍。这篇文章既像一本百科全书,记录了一些动植物的医用价值和我国丰富的矿产以及水资源,又像一段奇闻怪谈,描绘出一个满是奇灵异兽、奇花异草的新奇世界。

文章大量使用比喻的修辞手法,让事物具体可感,增强了文章的趣味性。例如用"刀削斧砍"比喻太华山陡峭的山势,这种比喻太华山的陡峭写得真实可感。

结尾处对人们祭祀山神风俗的介绍,反映了当时历史文明发展的程度,表达了人们对美好生活的向往。

# 西次二经

西次二经之首,曰钤山[1],其上多铜,其下多玉,其木多杻、橿。

①钤(qián)山,《五藏山经传》卷二:"户屈戌谓之钤。钤山在今鄜州西张村驿,有清水河出西北百里,合两大源东南流经驿北而南注洛水,状屈戌形,故名。"屈戌,旧时门窗上的金属搭扣。

**译文**

西方第二列山系的第一座山叫钤山,山上有丰富的铜矿,山下遍布着玉石,树木大多都是杻树和橿树。

又西一百七十里,曰数历之山[1],其上多黄金,其下多银,其木多杻、橿,其鸟多鹦。楚水[2]出焉,而南流注于渭,其中多白珠。

①数历之山,《五藏山经传》卷二:"数历,子午山南分水岭也。自岭而南,其西注泾诸川四源均列,象积禾,故曰数历。历者,数积禾也。其川即程水矣。"②楚水,《五藏山经传》卷二:"楚当作,即沮水。

**译文**

再往西一百七十里,叫数历山,山上多产黄金,山下多产银,山中树木大多是杻树和橿树,鸟多是鹦。楚水在这里发源,向南流入渭水,水中多产白珠。

西南三百里,曰女床之山[1],其阳多赤铜,其阴多石涅[2],其兽多虎、豹、犀、兕。有鸟焉,其状如翟[3]而五采文,名曰鸾鸟[4],见则天下安宁。

**注释**

①女床之山,《五藏山经传》卷二:"女床之山在凤翔府西,雍水所枕也。"②石涅,吴任臣云:"《本草》:'黑石脂一名石墨,一名石涅,南人谓之画眉石。'

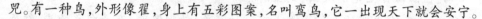

杨慎《补注》曰：'石涅可以染黑色。《论语》'涅而不淄'，即此物也。③翟（dí），即今雉科动物长尾雉，又名山鸡。④鸾鸟，郭璞曰："旧说鸾似鸡，瑞鸟也，周成王时西戎献之。"

鸾鸟

**译文**

往西南三百里，叫女床山，山的南面多产赤铜，北面多产石涅。兽类多是虎、豹、犀、兕。有一种鸟，外形像翟，身上有五彩图案，名叫鸾鸟，它一出现天下就会安宁。

又西二百里，曰龙首之山①，其阳多黄金，其阴多铁。苕水②出焉，东南流注于泾水，其中多美玉。

**注释**

①龙首之山，《五藏山经传》卷二："龙首之山在今陇州西北白岩铺之北，所谓陇头也。"②苕水，吕调阳校作召水，《五藏山经传》卷二："其北柳家河出焉，东流右合二源象手招之形，故曰召水。"

**译文**

再往西二百里，叫龙首山，山的南面多产黄金，北面多产铁。苕水在这里发源，向东南流入泾水，水中多产美玉。

又西二百里，曰鹿台之山，其上多白玉，其下多银，其兽多牛、羬羊、白豪①。有鸟焉，其状如雄鸡而人面，名曰凫徯，其鸣自叫也，见则有兵②。

**注释**

①白豪，猪的一种，毛白，故称白豪。②兵，兵器，军队。此处指战争。

**译文**

再往西二百里是鹿台山，山上遍布白色的玉石，山下有很多银矿，山上的野兽以牛、羬羊、白豪为多。还有一种鸟，外形像雄鸡，却有一副人的面孔，叫作凫徯，它的叫声就是它自己名字的读音。凫徯一出现天下就会发生战争。

又西四百里,曰小次之山①,其上多白玉,其下多赤铜。有兽焉,其状如猿,而白首赤足,名曰朱厌,见则大兵。

朱厌

**注释**

①小次之山,《五藏山经传》卷二:"次同㳄。小次,今温泉山也。"

**译文**

再往西四百里是小次山,山上有很多白玉,山下有丰富的赤铜。山上有一种野兽,外形像猿,有着白色的头,红色的脚,名字叫朱厌,它一出现天下就会发生大规模战争。

又西四百里,曰薰吴之山①,无草木,多金玉。

**注释**

①薰吴之山,《五藏山经传》卷二:"薰,炙手也,古作'熏'。吴,音虞,哗也。山在今且隆城以西,其南洮阳诸水象火炽,其北大夏诸源象炙手也。"

**译文**

再往西四百里是薰吴山,山上不生长草木,有大量的金、玉矿石。

又西三百里,曰中皇之山①,其上多黄金,其下多蕙棠②。

**注释**

①中皇之山,《五藏山经传》卷二:"山在大通河北岸直肃州东南三百里阿木尼冈喀尔山之脊也,盖亦以生煌得名。"②蕙棠,郭璞曰:"彤棠之属也。"彤棠即蔷薇科植物棠梨。吴任臣曰:"或以为熏叶、棠梨二种。"

**译文**

再往西三百里是中皇山,山上有大量的黄金,山下生长着许多蕙草和棠梨树。

又西三百五十里,曰西皇之山,其阳多金,其阴多铁,其兽多麋①、鹿、牛。

①麋,即麋鹿,哺乳动物,雄的有角,角像鹿,尾像驴,蹄像牛,颈像骆驼,被称为"四不像"。

再往西三百五十里是西皇山,山的南坡遍布黄金,山的北坡含有丰富的铁矿,山上的野兽大多是麋、鹿、牛。

凡《西次二经》之首,自钤山至于莱山,凡十七山,四千一百四十里。其十神者,皆人面而马身。其七神,皆人面牛身,四足而一臂,操杖以行,是为飞兽之神。其祠之,毛用少牢①,白菅为席。其十辈神者,其祠之,毛一雄鸡,钤而不糈,毛采。

①少牢,指古代用于祭祀的猪与羊。

综观西方第二列山系之始末,开始于钤山,止于莱山,共有十七座山,长达四千一百四十里。其中有十座山的山神是人面马身。另七座山的山神是人面牛身,四只脚、一只胳臂,拄着拐杖行走,被称为飞兽之神。祭祀这七个山神时,将猪、羊放于白茅席上。祭祀另外十个山神时,带毛的动物用一只带杂色的公鸡,不用精米做祭品。

精华赏析

《西次二经》主要讲述了西方第二列山系的基本情况。读文章的时候,仿佛踩在铺满金银珠宝的路上,翻过了一座又一座山。所列出的山中,大多蕴藏大量的矿产资源、动植物资源和水资源等,让读者产生一种想要亲自去探访的冲动。

# 西次三经

　　西次三经之首，曰崇吾之山①，在河之南，北望冢遂②，南望䍃之泽③，西望帝之搏兽之丘④，东望蝘渊⑤。有木焉，员叶而白柎⑥，赤华而黑理，其实如枳，食之宜子孙。有兽焉，其状如禺而文臂，豹虎⑦而善投，名曰举父。有鸟焉，其状如凫，而一翼一目，相得乃飞，名曰蛮蛮⑧，见则天下大水。

### 注释

　　①崇吾之山，《五藏山经传》卷二："崇吾，阜康至济木沙诸水导源南山，北伏沙中，象崇牙也。牙、吾古音同。山今名布克达山也。"②冢遂，《五藏山经传》卷二："碛北之拜塔克山也。"③䍃(yóu)之泽，《五藏山经传》卷二："达布逊池及西一池，象两舟相过也，汉世名为梧船也。"④搏兽之丘，《五藏山经传》卷二："搏兽之丘即乌鲁木齐，准语谓格斗曰乌鲁木齐也。"准语，准噶尔语。⑤蝘(yān)渊，《五藏山经传》卷二："奇台东西小水二十余，皆北

举父

流，遇沙而伏，象群蛇也。从虫从焉，鶠，善警蛇也。"⑥柎(fū)，花萼房或子房。⑦豹虎，郝懿行曰："兹兽兼有虎豹之体，故独被斯名。"⑧蛮蛮，郭璞曰："比翼鸟也，色青赤，不比不能飞，《尔雅》作鹣鹣鸟也。"

　　西方第三列山系的第一座山是崇吾山，在河的南边，北边与它相邻的是冢遂，南边是䍃泽，西边相邻的是天帝的搏兽丘，东面是蝘渊。山上有一种树木，叶是圆的，花萼是白色的，开红色的花，有着黑色的纹理，它的果实像枳，人们吃了它可以有很多子孙。还有一种兽，它的形状像禺，臂膀上有花纹，身体有豹虎的特征，并且擅长投掷，它的名字叫作举父。还有一种鸟，它的形状像野鸭，但是只有一只翅膀一只眼睛，只有找到另一半才能飞翔，它的名字叫蛮蛮，它的出现预示着天下将要发大水。

又西北四百二十里,曰崒山<sup>①</sup>,其上多丹木,员叶而赤茎,黄华而赤实,其味如饴,食之不饥。丹水出焉,西流注于稷泽<sup>②</sup>,其中多白玉,是有玉膏,其原沸沸汤汤<sup>③</sup>,黄帝是食是飨<sup>④</sup>。是生玄玉<sup>⑤</sup>。玉膏所出,以灌丹木。丹木五岁,五色乃清,五味乃馨。黄帝乃取崒山之玉荣<sup>⑥</sup>,而投之锺山之阳<sup>⑦</sup>。瑾瑜之玉<sup>⑧</sup>为良,坚粟<sup>⑨</sup>精密,浊泽有而光<sup>⑩</sup>。五色发作,以和柔刚。天地鬼神,是食是飨;君子服之,以御为祥。自崒山至于锺山,四百六十里,其间尽泽也。是多奇鸟、怪兽、奇鱼,皆异物焉。

**注释**

①崒(mì)山,密山。郝懿行曰:"郭注《穆天子传》及李善注《南都赋》《天台山赋》引此经俱作密山,盖崒、密古字通也。"《五藏山经传》卷二:"密山,哈什河源之喀拉古颜山也。《尔雅》:'山如堂者密。'准语谓股曰古颜,盖山形若箕股而深黑也。"②稷泽,郭璞曰:"后稷神所凭,因名云。"③沸沸汤汤,郭璞曰:"玉膏涌出之貌也。《河图玉版》曰:'少室山,其上有白玉膏,一服即仙矣。'亦此类也。"④飨(xiǎng),祭祀、祭献。⑤玄玉,郭璞曰:"言玉膏中又出黑玉也。"⑥玉荣,郭璞曰:"谓玉华也。"⑦郭璞曰:"以为玉种。"古代传闻玉是可以种植的,这里描述的是黄帝种玉活动。⑧瑾瑜之玉,《五藏山经传》卷二:"准回语皆谓玉曰哈什,蒙古曰哈斯。《西域水道记》云:水源处涌泉成池,涫泽星布,荡而西流十余里,布尔哈斯水自南来汇。布尔,蒙古谓虎也。布尔哈斯言黄玉有文,即此经之瑾瑜也。"《石雅·琳琅》以为古书上所说的"璆琳""琅玕"通常并称,但《山海经》说玉颇详,却只有琅玕而不见璆琳,只《中次九经》末有一处"璆冕舞",于是认为"瑾瑜"就是"璆琳","凡言瑾瑜,皆属西山。是瑾瑜固西方之产,与璆琳之所自出者若甚合也。《说文》:'瑾瑜,美玉也。'郭璞注《山海经》:'瑜,美玉名。'则与璆琳之训美玉同。《淮南子·缪称训》云:'无所用之,碧瑜粪土也。'瑜而曰碧,与天球、碧琳之色并合;且瑾瑜与璆琳音甚近,又似语本同源者,凡此皆足以明瑾瑜与璆琳是一非二矣。"⑨坚粟,郭璞曰:"粟或作'栗'。玉有粟文,所谓谷璧也。"未详。"栗"有坚硬义,坚栗即坚硬;如作粟,则文义屈曲。⑩浊泽有而光,郭璞曰:"浊谓润厚。"郝懿行曰:"'有而'当为'而有'。"

再往西北四百二十里,叫崒山,山上大多是丹木,叶子是圆的,茎是红色的，黄色的花，红色的果实，味道像饴糖，可以用来充饥。丹水在这里发源，向西流入稷泽，水中多产白玉，这里有玉膏涌出，汹涌翻腾。黄帝用它作食物和祭祀用品。玉膏中也有黑玉。玉膏涌出浇灌了丹木，丹木长到五年就具备了清丽的五色，芬芳的五味。于是黄帝把峚山的玉华投到锺山的南面，瑾瑜由此生出了好品种，坚硬而细腻，润厚而光泽，五彩焕发，可以调剂刚柔。这玉可以用作献给天地鬼神的祭品，君子佩戴它可以抵御各种灾祸。从峚山到锺山一共四百六十里，其间都是沼泽，那里有许多奇怪的鸟、兽和鱼类，都是些非常罕见的物种。

又西北四百二十里，曰锺山。其子曰鼓，其状如人面而龙身，是与钦䲹杀葆江于昆仑之阳，帝乃戮之锺山之东曰崦崖，钦䲹化为大鹗①，其状如雕而墨文白首，赤喙而虎爪，其音如晨鹄②，见则有大兵；鼓亦化为鵕鸟，其状如鸱，赤足而直喙，黄文而白首，其音如鹄③，见即其邑大旱。

**注释**

①鹗，鸟名，性凶猛。常在江河湖泊及海滨一带飞翔，捕食鱼类，又称"鱼鹰"。②晨鹄，与鹗同类的鸟。③鹄，"鸿鹄"，即天鹅。

鼓

**译文**

再往西北四百二十里就是锺山。锺山山神之子叫作鼓，鼓头部似人、龙身，他与钦䲹在昆仑山的南面杀死了天神葆江，天帝得知后，便把二人诛杀于锺山东面叫作崦崖的地方。钦䲹死后变成一只大鹗，长得像雕，却有黑色的斑纹、白色的脑袋、红色的嘴巴和老虎一样的爪子，它的叫声就像晨鹄在叫，它的出现，预示着战乱的发生；鼓被杀后变为一只鵕鸟，外形像鹞鹰，红色的爪，直直的嘴，黄色的斑纹，白色的脑袋，它的叫声如鸿鹄在鸣叫，鵕鸟的出现，标志着旱灾的发生。

西南四百里，曰昆仑之丘，实惟帝之下都①，神陆吾司之。其神状虎身而九尾，人面而虎爪；是神也，司天之九部②及帝之囿③时。有兽焉，其状如羊而四角,名曰土蝼,是食人。有鸟焉,其状如蜂,大如鸳鸯,名曰钦原,蠚鸟兽则死,蠚木则枯。有鸟焉,其名曰鹑鸟④,是司帝之百服。有木焉,其状如棠,黄华赤实,其味如李而无核,名曰沙棠,可以御水,食之使人不溺。有草焉,名曰䕞草,其状如葵,其味如葱,食之已劳。河水出焉,而南流东注于无达。赤水出焉,而东南流注于氾天之水。洋水出焉,而西南流注于丑涂之水。墨水出焉,而西流注于大杅⑤。是多怪鸟兽。

**注释**

①帝之下都,天帝在下界的都邑。②九部,即九域之部界。③囿,古代帝王畜养禽兽的林园。④鹑鸟,传说中凤凰之类的鸟。⑤大杅,山名。

土蝼

钦原

**译文**

往西南四百里是昆仑丘,这里是天帝在下界的都城。天神陆吾统治着这个地方。陆吾长着老虎的身子,有九条尾巴,有人的面孔和虎的爪子。他掌管着天上九域的部界和天帝的林园的时节。山中有一种土蝼兽,它长得像羊,却长着四只角,这种野兽会吃人。山里有一种钦原鸟,形状像蜂,却有鸳鸯那么大,蜇了鸟兽,鸟兽就会死;蜇了树木,树木便会干枯。还有一种名叫鹑鸟的鸟,它掌管天帝日常所用的器具及服饰。山中还有一种像棠树的树,黄色的花,红色的果,味道像李子但没有核,叫沙棠,人可以用它预防水患,吃了他人在水中不会沉溺。有一种草,名叫䕞草,外形似葵,味道像葱,吃了它可以缓解疲劳。河水发源于此,向南流去,流入无达山。赤水也发源于此,但流向东南,流入氾天之水。洋水同样发源于这座山,却流向西南,流入丑涂水。墨水还是发源于此,但向西流注入大杅山。昆仑丘有很多怪鸟和野兽。

又西三百五十里,曰玉山,是西王母所居也。西王母其状如人,豹尾虎齿而善啸,蓬发戴胜①,是司天之厉及五残。有兽焉,其状如犬而豹文,其角如牛,其名曰狡,其音如吠犬,见则其国大穰。有鸟焉,其状如翟②而赤,名曰胜遇,是食鱼,其音如录③,见则其国大水。

①胜，即玉胜，玉做的头饰。②翟，野鸡。③录，一说为"鹿"之误。

译文

再往西三百五十里称玉山，是西王母居住的地方。西王母外形似人，却长着豹尾、虎牙，而且擅长啸叫，蓬头乱发，戴着玉胜，掌管着天灾及五刑残杀之事。山中有一种叫狡的野兽，它的外形如狗，却长着豹子的花纹、牛的角，叫声像狗叫，它一出现，国家就会五谷丰登。山中还有一种胜遇鸟，长得像野鸡，羽毛却通红，以吃鱼为生，它的叫声像是鹿鸣，它一出现，国家将会发大水。

西王母

又西三百里，曰积石之山①，其下有石门，河水冒②以西流。是山也，万物无不有焉。

注释

①积石之山，《五藏山经传》卷五："今河滩北之阿尔坦托辉，《汉》志所谓阳山，《穆天子传》所谓阳纡之山。积石阜在西南，北河迳其西，屈西南与南二枝会，所谓冒以西流也。"②冒，覆盖，笼罩。

译文

再往西三百里，叫积石山，山下有石门，河水从它上面向西流。这座山上什么都有。

又西二百里，曰长留之山①，其神白帝少昊②居之。其兽皆文尾，其鸟皆文首。是多文玉石。实惟员神魂③氏之宫。是神也，主司反景④。

注释

①长留之山，《五藏山经传》卷二："伊犁塔勒奇城北百里有谷曰果子沟，长七十里，为伊犁驿程所经，岭上出泉，南会众流出。山曰乌里雅苏图，水峡流迅急，跨桥四十有二，故长留所由纳称也。"②少昊，上古帝王，名挚，号金

天氏。传说死后为西方之神，按五行说，西方为白，故称白帝。③员神魂，郝懿行曰："盖即少昊也。"魂，音wěi。④反景，夕阳返照。

神魂氏

 **译文**

再往西二百里，叫长留山，山神白帝少昊在这里居住。山上的兽尾巴都有花纹，鸟头上都有花纹。山上盛产文玉石。这里又是员神魂氏的宫殿。这个神主管夕阳返照。

又西三百里，曰阴山。浊浴之水出焉，而南流注于蕃泽，其中多文贝。有兽焉，其状如狸而白首，名曰天狗，其音如榴榴，可以御凶。

 **译文**

再朝西三百里称为阴山。浊浴水发源于此，向南方流进蕃泽，水中盛产带有花纹的贝类。有一种长得像狸的野兽，脑袋是白色的，名叫天狗，叫声像榴榴，畜养它可以防御凶邪。

又西二百二十里，曰三危之山，三青鸟①居之。是山也，广员百里。其上有兽焉，其状如牛，白身四角，其豪②如披蓑③，其名曰傲狠，是食人。有鸟焉，一首而三身，其状如鹨，其名曰鸱。

**注释**

①三青鸟，传说中专为王母取食的鸟。②豪，豪猪身上的刺。此处专指又长又硬的毛。③蓑，古代的雨具。

**译文**

再往西二百二十里的地方叫三危山，三青鸟栖息于此。三危山面积极为广阔，方圆约百里。山上有一种长得像牛的野兽，长着白毛，四只角，身上的豪毛长而硬，如同披着蓑衣，名叫傲狠，会吃人。山中还有一种形状像鹨的鸟，有一个头三个身子，人们称它为鸱。

又西三百五十里，曰天山，多金玉，有青雄黄。英水出焉，而西南流注于汤谷。有神焉,其状如黄囊①,赤如丹火,六足四翼,浑敦②无面目,是识歌舞,实为帝江③也。

注释

①囊,口袋。②浑敦,浑浑沌沌,此处指无具体的形状。③帝江,即黄帝。

译文

　　再朝西三百五十里便是天山,山上多产金子和玉石,还有青雄黄。英水从这儿流出,向西南注入汤谷。山中有一个神,身体像黄口袋,皮肤红得像火,长有六只脚,两对翅膀,模样混沌一片看不清,且能歌善舞,其实这个神就是帝江。

精华赏析

　　《西次三经》是关于西方第三列山的介绍,有的山上有神奇功效的花果,有的山上有罕见的、奇特的野兽,有的山上有神兽,有的山上有神仙,这些充满神话色彩的故事给读者留下了深刻的印象,同时也体现出古代劳动人民丰富的想象力和创造力。

　　文章内涵丰富、涵盖范围广,语言精短精悍,布局井井有条,内容多而不杂。文章有些内容看起来荒诞无稽,但是正好体现出当时人们原始的生活状态。

　　在写作技巧上,擅长使用比喻和描写,这样可以让事物更加生动形象,激发读者的兴趣。

# 西次四经

《西次四经》之首,曰阴山[①],上多穀,无石,其草多茆、蕃[②]。阴水出焉,西流注于洛。

①阴山,《五藏山经传》卷二:"以阴水名,今澄城县西南捆铃泉也,其北亦有甘泉,与雕阴之甘泉同名,故旧说或指雕山为阴山矣。"②茆(mǎo)、蕃,郭璞曰:"茆,凫葵也;蕃,青蕃,似莎而大。"郝懿行曰:"茆见陆机《诗疏》云:'江南人谓之菜。'《说文》云:'茆,凫葵也。'"

### 译文

西方第四列山系的第一座山叫阴山,山上有很多穀树,没有石头,山上的草大部分都是茆和蕃。阴水发源于此,向西流入洛水。

北百七十里,曰申山[①],其上多穀、柞,其下多杻、橿,其阳多金、玉。区水出焉,而东流注于河。

### 注释

①申山,《五藏山经传》卷二:"申山在洛川县东五十里,有丹阳水东流,又东北右合朱砂岭水,两川若垂绅之厉,故名。"厉,腰带下垂。

### 译文

往北一百七十里是申山,山上生长着许多穀树和柞树,下面杻树和橿树较多,山的南坡盛产金和玉。区水发源于此,向东流入黄河。

北二百里,曰鸟山[①],其上多桑,其下多楮,其阴多铁,其阳多玉。辱水出焉,而东流注于河。

### 注释

①鸟山,《五藏山经传》卷二:"甘泉县东北有野猪歧泉水,西有甘泉水,东有准利川水交会于洛,象飞鸟形。鸟山即野猪歧山也。"

往北二百里是鸟山,山上有许多桑树,山下生长着许多楮树,山的北面有很多铁矿,南面有大量的玉。辱水发源于此,向东流入黄河。

又北百二十里,曰上申之山①,上无草木,而多硌石②,下多榛楛③,兽多白鹿。其鸟多当扈,其状如雉,以其髯④飞,食之不眴目⑤。汤水⑥出焉,东流注于河。

**注释**

①上申之山,《五藏山经传》卷二:"上申与天带义同。"②硌(luò),大石头。③楛(hù),郭璞曰:"榛子似栗而小,味美。楛木可以为箭。④髯,郭璞曰:"咽下须毛也。"髯本指人的胡须、颊毛,这里是说鸟的相应部位的毛,故郭璞特为指出。⑤眴,同瞬,眴目即瞬目,眨眼。⑥汤水,《五藏山经传》卷二:"银川两源所发,即汤水也。"

再往北一百二十里,叫上申山,上面没有花草树木,到处是大石头,下面有许多榛树和楛树。兽类多是白鹿。鸟类多是当扈,外形像普通的野鸡,却用髯毛当翅膀来奋起高飞,吃了它的肉可以不眨眼。汤水在这里发源,向东流注入河。

又北百八十里,曰诸次之山①,诸次之水出焉,而东流注于河。是山也,多木无草,鸟兽莫居,是多众蛇②。

**注释**

①诸次之山,《五藏山经传》卷二:"延安府北神木山也,有雷公川东南合潘陵川南入延水而东注河,即诸次水。"②多众蛇,俞樾《读山海经》:"毕氏校正曰:'《水经注》引经作"象蛇",当为"众蛇"。其地无象。'愚按毕说误也。象蛇乃鸟名,《北山经》阳山'有鸟焉,其状如雌雉,而五采以文,是自为牝牡,名曰象蛇',亦即是鸟。

再往北一百八十里叫诸次山,诸次水在这里发源,向东流入黄河。这座山上有许多树木但没有草,也没有鸟兽,但有许多蛇。

又北百八十里,曰号山,其木多漆、棕,其草多药、蘮、芎①。多泠石②。端水③出焉,而东流注于河。

①药、蘮(xiāo)芎䓖(xiōng qióng),郭璞曰:"药,白芷别名。蘮,香草也。芎一名江蓠。"《广雅·释草》:"白芷,其叶谓之药。"王念孙疏证:"芷与茝古同声,芷即茝也。《说文》云:'茝,蘮也。''楚谓之蓠,晋谓之蘮,齐谓之茝。'"故药、蘮同指伞形科植物白芷。芎指伞形科植物川芎。②泠(gán),郝懿行曰:"《说文》泠字作淦,云泥也,艺石质柔软如泥者,今水中土中俱有此石也。"《石雅·辨疑》列举《山海经》中所有泠石、泠石、涂石的相关条目及各家注,并曰:"上述诸说,郭氏辨其字而来详其义,毕、郝二氏并引《说文》,渐由字之义以推及其物矣。顾其说亦有异同,于今思之,泠、淦古通,泠、涂字异而义同,一物数名,古当有之,不必为淦之讹也。泠与泠字为近,古或并作泠,《水经注》引经亦作泠石,疑即冷石,亦即滑石也。"③端水,吕调阳校作"湍水",《五藏山经传》卷二:"湍水,今秀延河,出安定县西北之灌清谷,即号山。号,湍注声也。"

再往北一百八十里,叫号山,山上有很多漆树和棕树,而草以白芷草、蘮草、芎草居多。山中还盛产泠石。端水发源于这座山,向东流入黄河。

又北二百二十里,曰盂山,其阴多铁,其阳多铜,其兽多白狼白虎,其鸟多白雉白翟。生水出焉,而东流注于河。

译文

再往北二百二十里是盂山,山的北坡盛产铁矿,山的南坡盛产铜矿,山中的野兽多是白狼与白虎,山中的鸟类多是白雉与白翟。生水发源于此,向东流入黄河。

又西百二十里,曰刚山,多柒木①,多㻍②之玉。刚水出焉,北流注于渭。是多神③,其状人面兽身,一足一手,其音如钦④。

注释

①柒木,"柒"通"漆",即漆树。②珤,玉名。③
神,魑魅一类的鬼。④钦,通"吟"。

译文

再往西一百二十里是刚山,山上遍布漆树,珤
玉也有很多。刚水发源于此,向北流入渭水。山中
有许多神,它有着人的面孔,兽的身子,一只脚,一
只手,它发出的声音就好像人在呻吟。

神槐

又西二百里,至刚山之尾①,洛水②出焉,而北流注于河。其中多蛮蛮,其状鼠身
而鳖首,其音如吠犬。

 注释

①刚山之尾,《五藏山经传》卷二:"刚山之尾在今山城驿。"②洛水,《五
藏山经传》卷二:"有水西北流,右合二水至惠安盐池入清水河,即洛水。

译文

再往西二百里,就到了刚山的尾端,洛水在这里发源,向北流入黄河。这
里有很多的蛮蛮兽,外形像普通的老鼠却长着甲鱼的脑袋,发出的声音如同狗
叫。

又西三百里,曰中曲之山,其阳多玉,其阴多雄黄、白玉及金。有兽焉,其状如马
而白身黑尾,一角,虎牙爪,音如鼓音,其名曰,是食虎豹,可以御兵。有木焉,其状如
棠,而员叶赤实,实大如木瓜,名曰櫰木,食之多力。

 译文

再往西三百里是中曲山,山的南坡分布着玉石,山的北坡有大量的雄黄、
白色的玉石以及金属矿物。有一种样子像马的兽,白身、黑尾、独角,有虎的牙
和爪子,发出的声音如同擂鼓,被称为,能吃掉老虎和豹子,假如人驯养了它,
可以防刀兵之灾。山中还有一种外形像棠树的树,圆圆的叶子,红色的果实,
果实像木瓜,叫作櫰木,人吃了它可以更有力气。

又西二百二十里,曰鸟鼠同穴之山<sup>①</sup>,其上多白虎、白玉。渭水出焉,而东流注于河。其中多鳋鱼,其状如鳣鱼<sup>②</sup>,动则其邑有大兵。滥水出于其西,西流注于汉水,多之鱼,其状如覆铫<sup>③</sup>,鸟首而鱼翼鱼尾,音如磬石之声,是生珠玉。

**注释**

①鸟鼠同穴之山,这座山鸟鼠同穴。据说这里的鸟像燕子,有黄色的羽毛;鼠像家鼠,短尾巴。它们可以穿地几尺,鼠在洞穴的里面住,鸟在靠近外面的洞穴住,和平共处,相安无事。②鳣鱼,一种大鱼,颌的下面是嘴,身体披甲。③铫,烹煮器。

**译文**

再往西二百二十里,有一座山叫鸟鼠同穴山,山上生活着很多白虎,还分布着很多白玉。渭水发源于此,向东流入黄河。水中盛产鳋鱼,外形很像鳣鱼,这种鱼出现的地方会发生大规模战争。滥水从这座山的西部发源,向西流入汉水,水中有许多鱼,这种鱼就像倾倒的铫,长着鸟的脑袋和鱼鳍鱼尾,它的叫声像敲击磬石的响声,它的身体内有珍珠和玉石。

西南三百六十里,曰崦嵫<sup>①</sup>之山,其上多丹木,其叶如穀,其实大如瓜,赤符<sup>②</sup>而黑理,食之已瘅,可以御火。其阳多龟,其阴多玉。苕水出焉,而西流注于海<sup>③</sup>,其中多砥砺<sup>④</sup>。有兽焉,其状马身而鸟翼,人面蛇尾,是好举人,名曰孰湖。有鸟焉,其状如鸮而人面,蜼身犬尾,其名自号也,见则其邑大旱。

**注释**

①崦嵫(yān zī),郭璞曰:"日没所入山也。"《五藏山经传》卷二:"崦嵫,今玉门县南昌马山也。"②符,毕沅曰:"借为柎也。"③海,《五藏山经传》卷二:"又西凡六百余里注哈拉淖尔,即此经所云海。"④砥砺,磨刀石。精者为砥,粗者为砺。

**译文**

往西南三百六十里,叫崦嵫山,山上生长着茂密的丹木,叶子像穀树,果实大如瓜,红色的花萼,有黑色的纹理,人吃了可以治疗黄疸,可以防火。山的南面有许多龟,北面多产玉。苕水在这里发源,向西流入大海,水中多砥砺。山中有一种兽，长着马的身体又有鸟的翅膀、人的面孔、蛇的尾巴，喜欢把人举起来，名叫孰湖。还有一种鸟，外形像猫头鹰，长着人的面孔，身体像蜼，尾巴像狗，它的叫声就是它的名字的读音，它出现的地方会发生大旱灾。

人面鸮

凡《西次四经》自阴山以下，至于崦嵫之山，凡十九山，三千六百八十里。其神祠礼，皆用一白鸡祈。糈以稻米，白菅为席。

西方第四列山系，从阴山到崦嵫山，一共十九座山，三千六百八十里。祭祀山神的礼仪，都用一只白鸡献祭，祭祀的精米用稻米，拿白茅草做垫席。

右西经之山，凡七十七山，一万七千五百一十七里。

以上是西方山系的全部记载，一共七十七座，一万七千五百一十七里。

精华赏析

文章通过写西方第四列山系，向读者展示了它的物产丰富，体现出我国地大物博的特点。这里不仅有品种繁多的动植物资源，还有丰富的水资源和矿产资源，甚至还有能够入药的珍贵植物，能够预测吉凶的灵兽。

文章简短而精悍，使用比喻和描写，形象而生动地展示出大自然的神奇，突出了古代劳动人民无穷的智慧。

# 卷三 北山经

## 北山经

北山经之首，曰单狐之山<sup>①</sup>，多机木<sup>②</sup>，其上多华草。漨水<sup>③</sup>出焉，而西流注于泑水，其中多芘石文石<sup>④</sup>。

①单狐之山，《五藏山经传》卷三："单狐之山即三经所云发丸之山，在教山北并中条枝阜，教水出其阳，西南流，沙渠水出其阴，西北会涑水，亦西南流，并注栎泽。合两水视之，象弹者摄丸之形，故曰发丸。北受栎水象狐首，此水象狐鸣，故曰单狐。单，鸣也。"②郭璞曰："机木似榆，可烧以粪稻田，出蜀中。"杨慎云："即今之桤也。"桤木，桦木科植物。③漨(féng)水，《五藏山经传》卷三："涑水诸源自东北来象蜂形，著于狐首之上，故曰漨水。漨者人与蜂遇也。"④文石，《石雅·辨疑》："意文石必非专指一物，乃泛称石之多文者，而其用之也至普。""于今考之，其足当文石之称者略有三焉：一为玛瑙，一为大理石，又一为麻石之属是也。"

**译文**

北方第一列山系的第一座山叫单狐山，山上生长着大量的机木和许多华草。漨水从这里流出，向西流，注入泑水中，水中有许多芘石和文石。

又北二百五十里，曰求如之山，其上多铜，其下多玉，无草木。滑水出焉，而西流注于诸毗之水。其中多滑鱼<sup>①</sup>，其状如鳝，赤背，其音如梧，食之已疣。其中多水马，其状如马，文臂牛尾，其音如呼。

注释

①滑鱼，黄鳝。

译文

再往北二百五十里便是求如山，山上多产铜，山下盛产玉石，此山草木不生。滑水发源于此，流向西方的诸毗水。水中滑鱼繁多，它长得像黄鳝，红色的背，发出的声音像琴声，吃了它的肉可以医好赘瘤。滑水里还生活着很多水马，它长得像马，花臂膊，牛尾巴，叫声像人的呼唤声。

又北三百里，曰带山①，其上多玉，其下多青碧。有兽焉，其状如马，一角有错②，其名曰臒③疏，可以辟火。有鸟焉，其状如乌，五采而赤文，名曰鹓鸰，是自为牝牡，食之不疽④。彭水出焉，而西流注于芘湖⑤之水，其中多儵⑥鱼，其状如鸡而赤毛，三尾、六足、四首，其音如鹊，食之可以已忧。

注释

①带山，《五藏山经传》卷三："带山，王屋北山也。黑水河西南流，环曲西北，南受二水，象彭腹缓带之形，故曰带山，曰彭水。"②一角有错，汪绂曰："言角有甲如错。"郝懿行曰："《说文》云：厝，厉石也；引《诗》'他山之石，可以为厝'。今《诗》通作错。"③臒，音huān。④疽(jū)，局部皮肤肿胀坚硬的毒疮。⑤芘(bì)湖，《五藏山经传》卷三："重匕曰比，叶相比曰芘。芘湖之水盖即百金泊，在平阳府东十里，与府西之平湖两两相比也。"⑥儵，音 tiáo。

臒疏

译文

再往北三百里，叫带山，山上多产玉，山下多产青石碧玉。有一种兽，形状像马，长的一只角有如粗硬的磨石，名叫臒疏，可以防火。有一种鸟，形状像乌鸦，体色五彩而有红色纹路，名叫鹓鸰，这种鸟可以自己交配繁殖，吃了它的肉可以治疗毒疮。彭水在这里发源，向西流入芘湖水，水中多儵鱼，形状像鸡，红毛，三条尾巴、六只脚、四个头，叫声像鹊，吃了它的肉可以消除忧愁。

又北四百里,曰谯明之山,谯水出焉,西流注于河。其中多何罗之鱼,一首而十身,其音如吠犬,食之已痈。有兽焉,其状如貆①而赤豪②,其音如榴榴,名曰孟槐,可以御凶。是山也,无草木,多青雄黄。

①貆,豪猪。②豪,较细的毛。

再往北四百里是谯明山。谯水发源于此,流向西方的黄河。谯水中有很多何罗鱼,何罗鱼一个头,十个身子,声音

何罗鱼

如同狗在叫唤,吃了它可以治好痈疮。有一种外形像豪猪的兽,身上有许多红色的细毛,它的叫声如同榴榴,名叫孟槐,可以防御凶灾。这座山,草木不生,山上蕴藏着丰富的青雄黄。

又北三百五十里,曰涿光之山①,嚻水②出焉,而西流注于河。其中多鰼鰼③之鱼,其状如鹊而十翼,鳞皆在羽端,其音如鹊,可以御火,食之不瘅。其上多松柏,其下多棕橿,其兽多麢羊,其鸟多蕃。

①涿光之山,吕调阳校作"逐犬之山",《五藏山经传》卷三:"洞涡水盖本作狪猥水,出乐平州西之斗泉山,即嚻水,西北流合寿水,又西南受大小涂水,诸水象犬见逐反噬之状,故曰狪猥,曰逐犬之山。"②嚻水,《五藏山经传》卷三:"其水又西南受象谷水,西会汾水注河。汾水自此以下名嚻水也。"③鰼,音 zhě。

再往北三百五十里,叫涿光山,嚻水在这里发源,向西流入河。水中多鰼鰼鱼,形状像鹊,有十个翅膀,鳞片都长在羽毛的末端,叫声像鹊,可以防火,吃了它的肉可以预防黄疸。山上有许多松、柏树,山下有许多棕、橿。兽类多麢羊,鸟类多蕃。

又北三百八十里,曰虢山①,其上多漆,其下多桐椐②,其阳多玉,其阴多铁。伊水出焉,西流注于河。其兽多橐驼③,其鸟多寓④,状如鼠而鸟翼,其音如羊,可以御兵。

注释

①虢(guó)山,《五藏山经传》卷三:"虢,虎食兽遗其皮也。山在方山镇西临县东,曰连枝山,有水三源合西北流折而西而西南,北合数水,西南入河,象委皮爪足狼籍之形,又象道殣之状,故曰虢山、曰伊水。伊,死人也。"②椐(jū),郭璞曰:"椐,樻木,肿节中杖。"后世手杖中有

寓

"灵寿杖"十分有名,据说是用"灵寿木"制成,于是又有人认为所谓灵寿木就是《山海经》里的椐。汉朝又因灵寿木的传说,特地在河北置灵寿县,当地一些树木也被指为灵寿木,也就成了"椐"。但这些说法本来互有出入,不足以作为指认此树的依据。③橐驼,郭璞曰:"有肉鞍,善行流沙中,日行三百里,其负千斤,知水泉所在也。"即骆驼。④寓,郝懿行曰:《方言》云:'寓,寄也。'《尔雅》有寓属,又有寓鼠曰嗛,此经寓鸟,盖蝙蝠之类。"

译文

再往北三百八十里,叫虢山,山上是茂密的漆树,山下有许多桐树和椐树,山的南面多产玉,北面多产铁。伊水在这里发源,向西流入黄河。兽类多是橐驼,鸟类多是寓,形状像鼠,长有鸟的翅膀,叫声像羊,可以抵御兵灾。

又北二百里,曰丹熏之山①,其上多樗柏,其草多韭薤②,多丹雘。熏水出焉,而西流注于棠水③。有兽焉,其状如鼠,而菟④首麋身,其音如獆犬,以其尾飞,名曰耳鼠,食之不睬⑤,又可以御百毒。

注释

①丹熏之山,《五藏山经传》卷三:"丹熏盖即赤红山,在兴县南,其水今亦名南川河,西北流注蔚。"②薤(xiè),《玉篇·韭部》:"薤,俗作'薤'。"百合科

植物,其鳞茎即藠头。③棠水,《五藏山经传》卷三:"汾水即棠水。"④莵,通兔。⑤脒(cǎi),郭璞曰:"脒,大腹也,见《裨苍》。"

　　再往北二百里,叫丹熏山,山上长有茂密樗、柏,草多是韭、䪝,又多产丹膲。熏水在这里发源,向西流入棠水。山上有一种兽,形状像鼠,长有兔子的头、麋鹿的身体,叫声像獾犬,用尾巴飞行,名叫耳鼠,吃了它的肉可以预防肚子鼓胀,又可以抵御各种毒物。

　　又北二百八十里,曰石者之山,其上无草木,多瑶碧。泚水出焉,西流注于河。有兽焉,其状如豹,而文题①白身,名曰孟极,是善伏②,其鸣自呼。

①题,额头。②善伏,善于隐藏。

　　再朝北二百八十里是石者山,山上草木不生,盛产瑶碧一类的玉石。泚水发源于此,流向西边的黄河。山中有一种野兽名叫孟极,长得像豹子,额头有花纹,身子是白色的。这种野兽很会隐藏自己,它的叫声如同呼唤它自己的名字。

　　又北百一十里,曰边春之山①,多葱、葵、韭、桃、李。杠水出焉,而西流注于泑泽。有兽焉,其状如禺而文身,善笑,见人则卧②,名曰幽鴳③,其鸣自呼。

①边春之山,《五藏山经传》卷三:"涑水源也。"②见人则卧,郭璞曰:"言佯眠也。"③鴳,音 yàn。

幽鴳

　　再往北一百一十里,叫边春山,多葱、葵、韭、桃、李。杠水在这里发源,向西流入泑泽。山中有一种兽,形状像禺,身上有花纹,特别爱笑,看见人就假装睡觉,名叫幽鴳,它的名字是据自己的叫声得来的。

又北二百里,曰蔓联之山[①],其上无草木。有兽焉,其状如禺而有鬃,牛尾、文臂、马蹄,见人则呼,名曰足訾,其鸣自呼。有鸟焉,群居而朋飞[②],其毛如雌雉,名曰鵁[③],其鸣自呼,食之已风。

足訾

### 注释

①蔓(wàn)联之山,《五藏山经传》卷三:"蔓联,潊水,形如联蔓也。在浮山县南。"②朋,同、一起。③鵁(jiāo),古称鹭科动物池鹭为鵁鶄,一种鸟。

### 译文

再往北二百里,叫蔓联山,山上没有花草树木。有一种兽,形状像猿猴,脖子上有鬃毛,长着牛的尾巴,前肢有花纹,蹄子像马,看见人就叫,名叫足訾,它的名字是据自己的叫声得来的。还有一种鸟,成群生活,一起飞翔,毛像雌野鸡,名叫鵁,它的名字也是据自己的叫声得来的。吃了它的肉可以治疗风症。

又北百八十里,曰单张之山[①],其上无草木。有兽焉,其状如豹而长尾,人首而牛耳,一目,名曰诸犍,善吒[②],行则衔其尾,居则蟠其尾。有鸟焉,其状如雉,而文首、白翼、黄足,名曰白鵺[③],食之已嗌[④],痛,可以已痸[⑤]。栎水出焉,而南流注于杠水。

### 注释

①单张之山,《五藏山经传》卷三:"张义同长。张者,弦弓也。长,木工垂墨举左掌也。野狐泉三水合南流象之,故山得名。"②吒(zhà),吆喝。③鵺,音yè。④嗌(ài),郭璞曰:"咽也。《谷梁传》曰:'嗌不容粒。'今吴人呼咽为嗌。"⑤痸(chì),癫狂病。

**译文**

再往北一百八十里，叫单张山，山上没有花草树木。有一种兽，形状像豹，尾巴很长，长着人的头和牛的耳朵，一只眼，名叫诸犍，常常发出吆喝声，行走时叼着自己的尾巴，停下来就把尾巴盘起来。有一鸟，形状像野鸡，头上长着花纹，白色的翅膀，黄色的脚，名叫白鹨，吃了它的肉可以治疗咽喉痛，也可以治疗癫狂症。栎水在这里发源，向南流入杠水。

又北三百二十里，曰灌题之山①，其上多樗柘，其下多流沙，多砥。有兽焉，其状如牛而白尾，其音如训②，名曰那父。有鸟焉，其状如雌雉而人面，见人则跃，名曰竦斯，其鸣自呼也。匠韩之水③出焉，而西流注于泑泽，其中多磁石④。

**注释**

①灌题之山，《五藏山经传》卷三："浍水北流西屈象题，东源出翼城东三十余里中卫镇北高山，西流注之当其屈处，故曰题灌，因以名山也。"题，额。②训(jiào)，大呼。③匠韩之水，《五藏山经传》卷三："浍交象斫木之柿，故曰匠。东源象桔槔之摇，故曰韩。"柿，削斫的木片；韩，原义为水井周围的栏圈。④磁石，《石雅·杂金》："磁石亦称磁君，一名处石，亦曰熁焙铁石，今又通称磁铁，盖名石而实铁也。"

**译文**

再往北三百二十里，叫灌题山，山上有茂密的樗树和柘树，山下有许多流沙，又有许多砥。有一种兽，形状像牛，尾巴是白色的，叫声像人呼叫，名叫那父。有一种鸟，形状像雌雉，长有人一样的脸，看见人就跳，名叫竦斯，它的名字是据叫声得来的。匠韩水在这里发源，向西流入泑泽，水中多产磁石。

那父

又北二百三十里，曰小咸之山①，无草木，冬夏有雪。

①小咸之山,《五藏山经传》卷三:"山盖葫芦泉所出,在岚县西北。"

再向北二百三十里是小咸山,山上没有草木,无论夏天还是冬天都会有雪。

北二百八十里,曰大咸之山,无草木,其下多玉。是山也,四方,不可以上。有蛇名曰长蛇,其毛如彘豪,其音如鼓柝①。

①鼓柝,鼓,敲打;柝,古代巡夜时敲的木梆。

往北二百八十里便是大咸山,山上寸草不生,山下盛产玉石。此山,四四方方,不能攀登。山上有种叫长蛇的蛇,身上有像猪鬃的细毛,发出的声音像梆子的敲击声。

长蛇

又北二百里,曰北岳之山,多枳、棘①、刚木。有兽焉,其状如牛而四角、人目、彘耳,其名曰诸怀,其音如鸣雁,是食人。诸怀之水出焉,而西流注于嚣水,其中多鮨鱼,鱼身而犬首,其音如婴儿,食之已狂②。

①棘,酸枣树。②狂,癫狂,发疯,精神失常。

再往北二百里称为北岳山,山上的树木多为枳木、棘木以及刚木。山中有一种像牛的野兽,长着四个角、人眼、猪耳,名叫诸怀,叫声如同雁鸣,这种兽会吃人。诸怀水发源于此,流向西边的嚣水,水中多产鮨鱼,这种鱼有鱼的身子,脑袋像狗,叫声如婴儿啼哭,吃了它的肉可以治疗精神失常。

又北百里,曰罴差之山,无草木,多马。

**注释**

①罴差之山,《五藏山经传》卷三:"牧马堡在大同府西北,西临长城,曰马市楼口,即罴差之山也。"

**译文**

再往北一百里的地方叫罴差山,山上没有花草树木,但却有许多马。

精华赏析

《北山经》按照自南向北的方位顺序依次介绍了北方第一列群山的情况,这样写能够让文章的结构井井有条,达到多而不乱的效果。

你可以把它当作参考的文献,也可以当作奇闻怪谈。里面记录的奇灵异兽可以入药、预天灾、抵御外敌等,神奇的花草可以食用和治病,品类繁多的树木、丰富的水源等,都体现出了它的"奇"和我国地广物博的特点。

不管里面的内容是否得到了考证,但是这本书体现了我国古代人无穷的智慧。

# 北次二经

北次二经之首，在河之东，其首枕汾，其名曰管涔之山。其上无木而多草，其下多玉。汾水<sup>①</sup>出焉，而西流注于河。

 **注释**

①汾水，《五藏山经传》卷三："汾有南、北二水，南汾即今汾河，北汾即灰水，东北合漯水始名桑乾水，今名永定河也。汾，分也；涔，潜也。管涔源与朔州泉潜通如管也。山即天池南脊。"

**译文**

北方第二列山系的第一座山，在河的东边，山的前端与汾水相邻，山名叫做管涔山。山上没有大的树木但有许多草，山下满地都是玉。汾水从这里流出，向西流入河中。

又北五十里，曰县雍之山，其上多玉，其下多铜，其兽多间<sup>①</sup>、麋，其鸟多白翟<sup>②</sup>、白鹬<sup>③</sup>。晋水出焉，而东南流注于汾水。其中多鮆鱼，其状如儵而赤鳞，其音如叱，食之不骄。

 **注释**

①间，古人认为是山驴，羚羊的角，驴身，而蹄子分开。②白翟，白色的长尾野鸡。③白鹬，白翰鸟。

间

**译文**

再朝北五十里是县雍山，山上盛产玉石，山下铜矿密布，山中有很多间、麋，山中的鸟以白翟、白鹬居多。晋水发源于此，流向东南的汾水。水中有很多鮆鱼，像儵而身长红鳞，声音如人大声呵斥，吃了它的肉可以治好狐臭。

又北二百里,曰狐岐之山①,无草木,多青碧。胜水②出焉,而东北流注于汾水,其中多苍玉。

 **注释**

①狐岐之山,《五藏山经传》卷三:"山在今大同府左云县西南,即古武州县。武州川水两源翼导,俱发一山,东北流又东合漯水,南注于汾,其形肖狐而源有两岐,故曰狐岐。"②胜水,《五藏山经传》卷三:"胜读如朕,水形象覆舟视其朕也。"朕,船上裂缝。

**译文**

再往北二百里,叫狐岐山,没有草木,山上到处是青石碧玉。胜水在这里发源,向东北流入汾水,水中多产苍玉。

又北三百五十里,曰白沙山①,广员三百里,尽沙也,无草木鸟兽。鲔②水出于其上,潜于其下③,是多白玉。

**注释**

①白沙山,《五藏山经传》卷三:"白海子亦曰长水海,在阿巴垓蒙古右翼旗南三十里,四望皆白沙。"②鲔,音wěi。③"鲔水"句,郭璞曰:"出山之顶,停其底也。"

**译文**

再往北三百五十里,叫白沙山,方圆三百里,都是沙子,没有草木鸟兽。鲔水在山上发源,在它下面流淌。这里多产白玉。

又北三百八十里,曰狂山①,无草木。是山也,冬夏有雪。狂水出焉,而西流注于浮水②,其中多美玉。

**注释**

①狂山,《五藏山经传》卷三:"山在宣化张家口外哈剌城南,有西巴尔台河西北流,与南二水合北流者会,又东北折而西,名哈剌乌苏,西注昂吉里池,译言鹅雁池也。狂者,水形象猘犬弭其尾。"②浮水,《五藏山经传》卷三:"浮,孚也。言多雁卵也。"孚,即孵。

再往北三百八十里，叫狂山，没有草木。这座山上冬夏都有雪。狂水在这里发源，向西流入浮水，水中多产美玉。

又北三百八十里，曰诸余之山①，其上多铜玉，其下多松、柏。诸余之水出焉，而东流注于㫃水。

①诸余之山，《五藏山经传》卷三："诸余，色野尔济山之东麓，乌蓝古衣河所出也。"

再向北三百八十里是诸余山，山上遍布铜和玉，山下则生长着许多松树和柏树。诸余水从这里流出，向东流入㫃水。

又北三百五十里，曰敦头之山①，其上多金玉，无草木。㫃水②出焉，而东流注于邛泽，其中多䮫③马，牛尾而白身，一角，其音如呼。

①敦头之山，《五藏山经传》卷三："敦头，西兴安山也。"②㫃水，《五藏山经传》卷三："洮赖河出其东麓曰木什夏河，两源合东南流数十里，折东北百里，会北二源而东而东南，左右受大小水十，象㫃形。"③䮫，音 bó。

䮫马

再往北三百五十里，叫敦头山，山上多产金、玉，没有花草树木。㫃水在这里发源，向东流入邛泽，泽中有许多䮫马，尾巴像牛，身体白色，有一个角，叫声像人在呼喊。

又北三百五十里，曰钩吾之山①，其上多玉，其下多铜。有兽焉，其状如羊身人面，其目在腋下，虎齿人爪，其音如婴儿，名曰狍鸮②，是食人。

狗鸮

①钩吾之山，《五藏山经传》卷三："吾通余。山在今巴林部南潦河南岸，有小水出山南，西流十余里，屈而东北注潦象钩，潦水象钩竿。余，曲也。"②狗鸮，郭璞曰："为物贪惏，食人未尽，还害其身，像在夏鼎，《左传》所谓饕餮是也。"

**译文**

再往北三百五十里，叫钩吾山，山上多产玉，山下多产铜。有一种兽，形状像羊的身体人的面孔，眼睛在腋下，有虎一样的牙齿和人手脚一样的爪子，叫声像婴儿啼哭，名叫狗鸮，会吃人。

又北三百里，曰北嚣之山①，无石，其阳多碧，其阴多玉。有兽焉，其状如虎，而白身犬首，马尾彘鬣，名曰独狢②。有鸟焉，其状如乌，人面，名曰𪇯鹛③，宵飞而昼伏，食之已暍④。涔水出焉，而东流注于邛泽⑤。

**注释**

①北嚣之山，《五藏山经传》卷三："北嚣在札鲁特蒙古西北曰模苏说伦哈达，其北麓为阿鲁坤都仑河所出。蒙古语阿鲁，山阴也；坤都仑，溜急而深也。即北嚣之谓矣。"②狢，音yù。③𪇯鹛(pán mào)，郭璞曰："鹈鹕之属。"④暍(yē)，中暑。汪绂曰："今鹈鹕亦可治热及头风。"⑤邛泽，《五藏山经传》卷三："又东南经奎屯山北，东南曲曲三百余里，潴为因沁察罕池，即邛泽也。山路峥嵘谓之邛，此水及旄水入泽处亦皆曲曲象绳绖萦，故皆曰邛也。"

**译文**

再往北三百里，叫北嚣山，没有石头，山的南面多产碧，北面多产玉。有一种兽，形状像虎，有白色的身体和狗一样的头，马一样的尾巴和野猪一样的鬣毛，名叫独狢。有一种鸟，形状像乌鸦，有人一样的面孔，名叫𪇯鹛，晚上出来飞行，白天蛰伏不动，吃了它的肉可以治疗中暑。涔水在这里发源，向东流入邛泽。

又北三百五十里，曰梁渠之山①，无草木，多金玉。修水出焉，而东流注于雁门，其兽多居暨，其状如彙②而赤毛，其音如豚。有鸟焉，其状如夸父，四翼、一目、犬尾，名曰嚣，其音如鹊，食之已腹痛，可以止衕③。

## 注释

①梁渠之山，《五藏山经传》卷三："梁渠当作良举，即兴安岭东之海喇喀山，为英金河所出。"②彙（huì），刺猬。③衕（dòng），即腹泻。

## 译文

再往北三百五十里是梁渠山，山上没有生长花草树木，但到处都是金和玉。修水从这里流出，流入东边的雁门，山上生活着很多叫居暨的野兽，它长得很像刺猬，但有红色的毛，声音像猪一样。山上有一种鸟，长得像夸父，有四个翅膀，一只眼睛，尾巴像狗一样，名嚣，声音像鹊一样，吃了它可以止肚子疼，还可以止住腹泻。

又北水行五百里，流沙三百里，至于洹山①，其上多金、玉。三桑生之，其树皆无枝，其高百仞。百果树生之。其下多怪蛇。

## 注释

①洹山，《五藏山经传》卷三："自额尔纳古尔河迳枯伦湖溯克鲁伦河而西至凫勒莫山，今水路约千七百余里，以西南北皆沙地，水行沙中，不可舟也。自凫勒莫西北行沙地二百里，至必尔哈岭，为克鲁伦所源，肯特山之东南干，即洹山也。洹者，克鲁伦大形象钩援也。

## 译文

再往北沿水路走五百里，过流沙三百里，就到了洹山，山上多产金、玉。这里长着三桑，这种树都没有枝，高达百仞。还生长着各种果树。山下多怪蛇。

又北三百里，曰敦题之山①，无草木，多金玉。是錞于北海。

## 注释

①敦题之山，《五藏山经传》卷三："黑龙江所源之小肖特山也，象水为名。"

译文

再往北三百里有座敦题山，山上不生长草木，但满山都是金和玉。这座山和北海相邻。

精华赏析

《北次二经》从管涔山出发，一路向北，对北方第二列群山做了介绍，仿佛带着读者游山玩水一般。纵观这些山，大凡都盛产玉石和金属，体现出它们物产丰富的特点，也从侧面表现出我国地域辽阔、资源丰富。

文中记载的奇灵异兽和奇花异草给读者留下深刻的印象，它的神奇除了体现在外表外，还体现在特殊的食用和药用价值。

文章善于使用比喻和描写，把那些陌生的动植物写得生动形象，这样可以激发阅读兴趣。文章短小精悍，思路清晰，内容丰富。

# 北次三经

北次三经之首，曰太行之山。其首曰归山，其上有金玉，其下有碧。有兽焉，其状如麢羊而四角，马尾而有距，其名曰䮽，善还[1]，其名自訆。有鸟焉，其状如鹊，白身、赤尾、六足，其名曰鹑，是善惊，其鸣自詨[2]。

注释

①还，盘旋而舞。②詨，呼，叫。

驿

译文

北方第三列山系以太行山为首，而太行山之首是归山，归山上分布着许多金子和玉石，山下多碧玉。山中有一种外形像羚羊的野兽，长有马的尾巴、鸡的爪子，名叫䮽，善于盘旋而舞，它的名字就是它的叫声。山中还有一种长得像喜鹊的鸟，长有白色的羽毛和红尾巴，有六只脚，名字叫鹑，这种鸟极易受惊，它的叫声就是它自己的名字。

又东三百里，曰阳山，其上多玉，其下多金铜。有兽焉，其状如牛而赤尾，其颈臗[1]，其状如句瞿[2]，其名曰领胡，其鸣自詨，食之已狂。有鸟焉，其状如雌雉，而五采以文，是自为牝牡，名曰象蛇，其鸣自詨。留水出焉，而南流注于河。其中有鮯父之鱼，其状如鲋鱼，鱼首而彘身，食之已呕。

注释

①臗，肉瘤。②句瞿，斗的别名。

译文

再朝东三百里就是阳山，山上有很多玉石，山下分布着许多金矿和铜矿。山中有一种长有红尾巴，外形似牛的野兽，它的颈上长着斗大的肉瘤，名叫领胡，它的叫声就是它自己的名字，吃了它的肉可以医治癫狂病。山中还有一种有五彩羽毛，外形像母野鸡的鸟，它一身兼具雌雄，名叫象蛇，它的鸣叫声也像是呼叫自己的名字。留水发源于此，流入南边黄河。水中盛产鮯父鱼，它外形像鲋鱼，长着鱼头、猪身，吃了它可以治疗呕吐。

又南三百里，曰景山，南望盐贩之泽，北望少泽。其上多草、藷苎①，其草多秦椒②。其阴多赭③，其阳多玉。有鸟焉，其状如蛇，而四翼、六目、三足，名曰酸与，其鸣自詨，见则其邑有恐。

①藷苎，植物名，可以食用，即今天的山药。②秦椒，一种草，细长的叶，果实似花椒。③赭，红褐色，这里指赭色的土。

再往南三百里的地方是景山，在景山顶，往南可看到盐贩泽，向北可以看到少泽。山上草和藷苎众多，草中又以秦椒居多。山的北坡遍布红褐色的土，南部多玉石。山中有一种外形像蛇的鸟，长着四个翅膀、六个眼睛、三只脚，名叫酸与，它的叫声就像是呼叫自己，它一出现，便会引发人们的惊恐（是不祥的征兆）。

酸与

又东南三百二十里，曰平山①。平水出于其上，潜于其下，是多美玉。

①平山，《五藏山经传》卷五："亦甘枣西南也，即《水经注》张杨池南盐道山，厥顶方平，有泉发于其上，北流五里而伏者也。"

再往东南三百二十里是平山。平水从山上发源，在山下流淌，这里有很多美玉。

又东二百里，曰虫尾之山①，其上多金、玉，其下多竹，多青碧。丹水②出焉,南流注于河。薄水③出焉,而东南流注于黄泽。

①虫尾之山,《五藏山经传》卷三:"山在高平县北,即丹林。其山东历洹、淇诸源,皆其脊脉。"②丹水,《五藏山经传》卷三:"丹水即丹林之水。"③薄水,《五藏山经传》卷三:"薄同毫。薄水即五峪河,出马武山。"

**译文**

再往东二百里,叫虫尾山,山上多产金、玉,山下有茂密的竹子,多产青碧。丹水在这里发源,向南流入河。薄水在这里发源,向东南流入黄泽。

又东三百里,曰彭毗之山①,其上无草木,多金、玉,其下多水。蚤林之水出焉,东南流注于河。肥水出焉,而南流注于床水②,其中多肥遗之蛇。

①彭毗之山,《五藏山经传》卷五:"漳沱水象腹彭,西南受诸小水象辅员于辐。"毗有辅佐、比附之义。②床水,《五藏山经传》卷五:"漳沱东流南受诸水象床也。"

**译文**

再往东三百里,叫彭毗山,山上没有草木,多产金、玉,山下多水。蚤林水在这里发源,向东南流入河。肥水在这里发源,向南流入床水,水中多肥遗蛇。

又东百八十里,曰小侯之山。明漳之水①出焉,南流注于黄泽。有鸟焉,其状如乌而白文,名曰鸪鹍②,食之不灂③。

①明漳水,《五藏山经传》卷三:"今名桃花水。"②鹍,音 xí。③灂(jiào),眼睛昏蒙。

**译文**

再往东一百八十里是小侯山。明漳水从这里流出,向南流入黄泽。山上有一种长得像乌鸦有白色的纹路的鸟,它的名字叫鸪鹍,人们吃了它的肉眼睛就不会昏蒙。

　　又东北二百里,曰轩辕之山,其上多铜,其下多竹。有鸟焉,其状如枭而白首,其名曰黄鸟,其鸣自詨,食之不妒。

　　再往东北二百里是轩辕山,山上有许多铜矿,山下竹林丛生。有一种鸟,它的外形像枭,脑袋却是白色的,名叫黄鸟,它的叫声就是自己的名字,吃了它的肉不会有嫉妒之心。

白蛇

　　又北三百里,曰神囷之山①,其上有文石,其下有白蛇,有飞虫。黄水出焉,而东流注于洹②。滏水③出焉,而东流注于欧水④。

**注释**

　　①囷(qūn),圆形谷仓。又北三百里,吕调阳校作“又东三百里”,《五藏山经传》卷三:“神囷之山,丹水以西与沁分水诸岭皆是。今云亳山东三百里,则在泽州凤台县也。”②洹(huán),《五藏山经传》卷三:“洹水即淇水,别源出陵川县,东北流环曲东南合淇水,象钩援也。”③滏(fǔ),《五藏山经传》卷三:“滏水即天井溪水,东会黄入丹水,折东南流而东而东北又东,象釜形。”④欧水,《五藏山经传》卷三:“欧水即五峪河,北出马武川合二小水东南流来入,象欧者俯躬之形也。”欧,古“呕”字。

**译文**

　　再往北三百里,叫神囷山,山上产文石,山下有白蛇,又有飞虫。黄水在这里发源,向东流入洹。滏水在这里发源,向东流入欧水。

　　又北二百里,曰发鸠之山,其上多柘木。有鸟焉,其状如乌,文首、白喙、赤足,名曰精卫,其鸣自詨。是炎帝①之少女,名曰女娃,女娃游于东海,溺而不返,故为精卫。常衔西山之木石,以堙②于东海。漳水出焉,东流注于河。

**注释**

　　①炎帝,即神农氏,传说是上古的帝王。②堙,堵塞,填埋。

再向北二百里的地方是发鸠山，山上长有许多柘树。山上栖息着一种鸟，外形像乌鸦，脑袋上有花纹，白色的嘴，红色的爪子，名叫精卫，它的叫声就是自己的名字。它是炎帝的小女儿女娃所变，女娃在东海游玩，溺水而死无法回家，化为精卫鸟。这种鸟常以嘴衔西山的树枝和石子投入东海，试图把东海填平。漳水从此山流出，流入东边的黄河。

又北二百里，曰景山①，有美玉。景水出焉，东南流注于海泽。

①景山，《五藏山经传》卷三："满城县西北眺山也。"

再往北二百里是景山，山上有美玉。景水从这里流出，向东南流入海泽。

又北百里，曰题首之山①，有玉焉，多石，无水。

①题首之山，《五藏山经传》卷三："白石山在今广昌县东南浮图峪，多确石，可为墓题。"

再向北一百里是题首山，山上有玉，到处都是石头，但没有水。

又北百二十里，曰松山①，阳水②出焉，东北流注于河。

①松山，《五藏山经传》卷三："山在忻州阳西镇之东。"②阳水，《五藏山经传》卷三："今名涧河，东北流入虖沱注河。"

再往北一百二十里是松山，阳水从这里流出，向东北流入河中。

又北百二十里，曰敦与之山①，其上无草木，有金、玉。溹水②出于其阳，而东流注于泰陆之水;泜③水出于其阴,而东流注于彭水④。槐水⑤出焉,而东流注于泜泽。

①敦与之山,吕调阳校作"敦舆之山",《五藏山经传》卷三:"自牛页水循大陆北岸而东北达宁晋泊象牛腘颔,折西北至泜口溯行西南象牛唇,又西而南象顶额。两源岐出象角,其大形则象牛负舆仰其首,故曰敦舆也。"②漆(suò)水,《五藏山经传》卷三:"漆水即邢台南水。"③泜,音chí。④彭水,《五藏山经传》卷三:"宁晋泊,象腹彭也。"⑤槐水,《五藏山经传》卷三:"槐水出赞皇县南,东流经柏乡县北,东北注宁晋泊。彭水、泜泽,变名耳。"

再往北一百二十里,叫敦与山,山上没有草木,产金、玉。漆水从山的南面发源,向东流入泰陆水;泜水从山的北面发源,向东流入彭水。槐水在这里发源,向东流入泜泽。

又北百七十里,曰柘山①,其阳有金玉,其阴有铁。历聚之水②出焉,而北流注于洧水。

①柘山,《五藏山经传》卷三:"柘山,今石马山,在旧乐平县西。"②历聚之水,《五藏山经传》卷三:"历聚之水,沾河也。"

再往北一百七十里,叫柘山,山的南面产金、玉,北面产铁。历聚之水在这里发源,向北流入洧水。

又北三百里,曰泰戏之山,无草木,多金玉。有兽焉,其状如羊,一角一目,目在耳后,其名曰辣辣,其鸣自讪。虖沱之水出焉,而东流注于溇水。液女之水出于其阳,南流注于沁水。

再往北三百里是泰戏山,山上寸草不生,山上分布着许多金子和玉石。有一种野兽,长得像羊,但只长着一只角、一只眼,眼睛在耳朵的后面，它的名字叫𫘦𫘨，它的叫声就是自己的名字。虖沱水发源于此，向东流入娄水。这座山的南面就是液女水，向南流注入沁水。

𫘦𫘨

又北山行五百里，水行五百里，至于饶山。是无草木，多瑶碧，其兽多橐驼①，其鸟多鹠②。历虢之水出焉，而东流注于河，其中有师鱼③，食之杀人。

①橐驼，即骆驼。②鹠，一种鸟，一说鸺鹠，善于捕食鼠、兔等。③师鱼，即鲵鱼，人鱼。

再向北走五百里山路，然后走五百里水路，就到了饶山。山上没有草木，但是有很多瑶和碧这种美玉，山中的兽类以橐驼为多，鸟以鹠居多。历虢水从这里流出，流入东面的黄河，水中有师鱼，人如果吃它，就会被毒死。

又北四百里，曰乾山，无草木，其阳有金玉，其阴有铁而无水。有兽焉，其状如牛而三足，其名曰豲，其鸣自詨。

再往北四百里就到了乾山，山上寸草不生，山的南坡有大量的金子和玉，山的北坡有丰富的铁但没有水源。山上有一种名叫豲的野兽，它长得像牛却生着三只脚，它的叫声就是自己的名字。

又北五百里，曰錞于母逢之山①，北望鸡号之山②，其风如飔③。西望幽都之山，浴水出焉。是有大蛇，赤首白身，其音如牛，见则其邑大旱。

①錞于母逢之山，吕调阳校"曰"字衍，山名仅"母逢"二字，《五藏山经传》卷三："母逢，旅顺岛也。岛形似乳，其北岸悬入海中，有小水小渚在其端，似

开口,故曰母逢。"②鸡号之山,《五藏山经传》卷三:"鸡号亦象鸡俯鸣开其口也。"③飙(lì)曰,郭璞曰:"飙,急风貌也。"

再往北五百里,叫镎于母逢山,北面是鸡号山,那里有非常猛烈的风。西面是幽都山,浴水在这里发源。这里有大蛇,红色的头,白色的身体,叫声像牛,它的出现预示着地方上会出现大旱。

凡北次三经之首,自太行之山以至于无逢之山①,凡四十六山,万二千三百五十里。其神状皆马身而人面者廿②神。其祠之,皆用一藻茝③瘗之。其十四神状皆彘身而载④玉。其祠之,皆玉,不瘗。其十神状皆彘身而八足蛇尾。其祠之,皆用一璧瘗之。大凡四十四神,皆用稌糈米祠之。此皆不火食。

马身人面廿神

**注释**

①无逢山,即镎于毋逢山。②廿,二十。③藻茝,一种香草。一说"藻茝"即"藻硅"之误。④载,通"戴"。

**译文**

总计北方第三列山系的始末,从太行山直到无逢山,共计四十六座山脉,蜿蜒一万二千三百五十里。其中有二十座山的山神的外形都是马身人面。祭祀他们时在地下埋藻和茝。山中还有十四个神,他们的外形像猪,头上戴着玉饰。祭祀他们的礼仪都用玉,但不用埋藏。另外十个神,长着猪的身子,但有八只脚和蛇的尾巴。祭祀他们的礼仪也是在地下埋一块玉。这四十四个神,都要用精白米祭祀,这些山神都吃生的食物不用火烤。

精华赏析

《北次三经》从太行山出发,按照北方第三列群山的走向,介绍了几十种山，这些山蕴藏丰富的资源，有金属矿产、飞禽走兽、鱼、奇花异草和树等，还有江河湖海，描绘出我国大好河山的秀丽风景和物产丰富的景象。

文中长相奇特的野兽和神话故事留给读者深刻的印象，充分体现了古人天马行空的想象力，同时也能让读者产生想象和思考。

读完文章，你会被古人惊人的想象力和智慧所折服。文中精卫填海的故事已经成为经典，被人们改成了很多版本传播海内外，由此可见它的魅力。

# 卷四 东山经

## 东山经

东山经之首，曰樕螽之山[①]，北临乾昧。食水出焉，而东北流注于海。其中多鱄鱄之鱼，其状如犁牛，其音如彘鸣。

①樕螽(sù zhū)，吕调阳校作"樕株"，《五藏山经传》卷四："乌苏西源曰呼野河，北流合诸小水如樕枝。又北当兴格湖之东有小水亦名呼野河，东南流屈而东北注之。又北少西伊鲁山北麓水东北流注之，两水之间有小水长十数里东注，像木中株，故名樕株，又像舌在口中，故曰食水，即伊鲁之谓也。(满洲语：伊鲁，舌也。)"株，树干。

**鱄鱄鱼**

东边第一列山系的第一座山是樕螽山，山的北边与乾昧山相邻。食水从这里流出，流入东北的海。水中有许多鱄鱄鱼，它长得像犁牛，叫声和猪一样。

又南三百里，曰藟山[①]，其上有玉，其下有金。湖水出焉，东流注于食水，其中多活师[②]。

**注释**

①蘦山,《五藏山经传》卷四:"山在兴格湖西岸,近南五札虎河口,河源出宁古塔之东二百六十里,东流百六十余里,潴于湖。湖自西南而东北长百里,东西径七十余里,自北溢出,流百五十里注乌苏里江。湖西北复有小湖,亦自西南而东北长五十里,广二十余里,两两相附如蘦,故山得名。蘦,白蔹也,蔓生,根大如鸡鸭卵而长,一本三五枚累累然。"白蔹,葡萄科植物。②活师,郭璞曰:"科斗也,《尔雅》谓之活东。"

**译文**

再往南三百里叫蘦山,山上产玉,山下产金。湖水在这里发源,向东流入食水,水中有许多活师。

又南三百里,曰枸状之山①,其上多金、玉,其下多青碧、石。有兽焉,其状如犬,六足,其名曰从从,其鸣自诮。有鸟焉,其状如鸡而鼠毛,其名曰蚩②鼠,见则其邑大旱。泜③水出焉,而北流注于湖水。其中多箴鱼,其状如儵,其喙如箴④,食之无疫疾。

**注释**

从从

①枸状之山,吕调阳校作"扐扶之山",《五藏山经传》卷四:"山在兴格湖之南七十余里,为尼雅林河所出,是多熊,土人名拉垟山,其东南曰垞富倭集。满洲语垞富,熊也;拉垟,大母熊也。圣人作经不欲尽易旧号,因象水形文之曰扐扶,盖尼雅林河东南流屈而北会垞富河象扐,又北会三水入湖象扶也。四指谓之扶,小指曰扐。"②蚩,音zī。③泜,音zhǐ。④箴,通针。箴鱼,郭璞曰:"出东海;今江东水中亦有之。"郝懿行曰:"今登莱海中有箴梁鱼,碧色而长,其骨亦碧,其喙如箴,以此得名。"箴鱼今名鱵鱼,鱵科动物。

**译文**

再往南三百里叫枸状山,山上多产金、玉,山下多产青碧和石头。山中有一种兽,形状像狗,六条腿,名叫从从,它的名字是据自己的叫声得来的。还有一种鸟，形状像鸡，长着老鼠一样的毛，名叫鼥鼠，它的出现意味着地方上会遭遇大旱。沇水在这里发源，向北流入湖水。水中有许多箴鱼，形状像儵，嘴像针，吃了它的肉可以预防疫病。

又南三百里，曰勃垒之山①，无草木，无水。

①垒，汪绂曰："古'齐'字。"勃垒之山，《五藏山经传》卷四："勃齐以产葰得名，今名可朱岭，满洲语谓幽僻处也。"葰，人参。

再往南三百里，叫勃垒山，山上没有草木，没有水。

又南三百里，曰番条之山①，无草木，多沙。减水出焉，北流注于海，其中多鳡鱼。

①番条之山，《五藏山经传》卷四："山在扶犰东南，锡拉河之北，佛林河南源之西，有水西北流沙中，若隐若见，凡二百里至尼雅河源之南而伏，重源再发为尼雅河，北流入海，即减水也。番条，锡拉河三源象仰掌，减水象折条也。"

鳡鱼

再往南三百里的地方是番条山，山上没有花草树木，但有许多沙。减水从这里流出，向北流入海，水中有许多鳡鱼。

又南四百里，曰高氏之山①，其上多玉，其下多箴石②。诸绳之水出焉，东流注于泽，其中多金、玉。

①高氏之山，《五藏山经传》卷四："长白山自松花、图门诸源北走，经平顶山而北，竦为是山，甚柴峻。以北呼拉哈河众源并导，象木柢旁薄，又象结

绳纷垂其末，故号山曰高氏，而字水曰诸绳。”②箴石，《石雅·制器》以为即古代用于针灸的石针，又称针石、砭石：“今已无识砭石者，盖古者以石为针，季世以针代石，后人又以瓷针刺病，今且有用金针者，则大有进而愈上之势，虽皆本砭之遗意，而砭之为物，近已难详。”

**译文**

再往南四百里，叫高氏山，山上多产玉，山下多产箴石。诸绳水在这里发源，向东流入泽，水中多产金、玉。

又南三百里，曰岳山，其上多桑，其下多樗。泺水[①]出焉，东流注于泽，其中多金、玉。

**注释**

①泺(luò)水，《五藏山经传》卷五：“章丘东之浒山泊也，其水今为小清河，东流合巨淀水注海，水形象罪人俛屈也。”

**译文**

再往南三百里有一座岳山，山上有茂盛的桑树，山下则生长着成片的樗树。泺水从这里流出，向东流入泽中，水中有许多的金和玉。

又南三百里，曰犲山[①]，其上无草木，其下多水，其中多堪孖[②]之鱼。有兽焉，其状如夸父而彘毛，其音如呼，见则天下大水。

**注释**

①犲，郝懿行曰：“犲即豺别字。”犲山，《五藏山经传》卷四：“山在举尔和河三源之间，其水南流入富达锡浑河，象豺伏兽尾爪取其肠形。”②孖，音 xù。

如夸父兽

**译文**

再往南三百里是犲山，山上不生长草木，山下有很多水流，水中则游动着许多堪孖鱼。山上有一种野兽，长得像夸父，但身上有猪毛，叫出的声音像人在呼喊，它一出现，那么意味着天下会有大水灾。

又南三百里，曰独山，其上多金玉，其下多美石。末涂之水出焉，而东南流注于沔，其中多鯈鳙，其状如黄蛇，鱼翼，出入有光，见则其邑大旱。

鯈鳙

**译文**

再向南三百里的地方叫独山，山上多产金子和玉石，山下有很多精致秀美的石头。末涂水发源于此，流入东南边的沔水，水中有大量的鯈鳙，它长得像黄蛇，却生有鱼的翅膀，出入水中时，闪着光芒，它的出现，标志着旱灾的发生。

又南三百里，曰泰山，其上多玉，其下多金。有兽焉，其状如豚而有珠，名曰狪狪，其鸣自讠。环水出焉，东流注于江①，其中多水玉。

**注释**

①江，一说“汶”之误。

**译文**

再向南三百里的地方就是泰山，山上有很多玉石，山下有很多金子。山上有一种外形像猪的野兽，体内含有珠子，名叫狪狪，它的叫声就是它自己的名字。环水从这里流出，向东流入汶水，水中有大量的水晶。

又南三百里，曰竹山①，錞于江，无草木，多瑶碧。激水②出焉，而东南流注于娶檀之水③，其中多茈蠃。

**注释**

①竹山，《五藏山经传》卷四：“独山南也。山自英额岭东北环布尔哈图河源南属于江，布哈河三源象竹，其东西小水横列象笋也。”②激水，《五藏山经传》卷四：“激，音噭，从敫，古觉了。布哈河南合英额、和土二河东流象惊寤伸举也。”③娶檀之水，《五藏山经传》卷四：“即末余水所合之哈达河。”

**译文**

再往南三百里，叫竹山，坐落在江边，没有草木，多产瑶碧。激水在这里发源，向东南流入娶檀水，水中有许多茈蠃。

凡东山经之首,自樕螽之山以至于竹山,凡十二山,三千六百里。其神状皆人身龙首。祠:毛用一犬祈,聏①用鱼。

①聏(èr),郭璞曰:"以血涂祭为聏也。"

总计东方第一列山系始未，从樕螽山到竹山，一共十二座，三千六百里。这些山上的山神都是人的身体，龙的头。祭祀它们的礼仪为：毛物用一条狗祈祷，用鱼血涂抹祭祀。

精华赏析

文中使用了大量的描写手法,对东边第一列群山进行描写,突出了山上物产丰富、动物奇怪的特点,给人眼前一亮的感觉。文中的野兽长相奇特,有的还能预测天灾,给后人留下丰富的创作灵感。

虽然我们不知道这些奇怪的野兽是否真的存在过，但是我们可以肯定的是,这篇文章充分显示出古人无穷的智慧。

从人们祭拜山神这一行为可以看出,人们虽然生活在原始、愚昧的时代,但是和我们一样向往美好的生活。

# 东次二经

东次二经之首,曰空桑之山,北临食水,东望沮吴,南望沙陵,西望湣泽。有兽焉,其状如牛而虎文,其音如钦①。其名曰轮轮,其鸣自叫,见则天下大水。

①钦,一说"吟"。

**轮轮**

东方第二列山系的起始山是空桑山,北面靠近食水,东面是沮吴,南面是沙陵,西面是湣泽。山中有一种叫轮轮的野兽,它长得像牛但身上布满老虎的斑纹,声音如同在呻吟。它的叫声就像是叫自己的名字,它的出现预示着洪灾的发生。

又南六百里,曰曹夕之山①,其下多榖而无水,多鸟兽。

**注释**

①曹夕之山,《五藏山经传》卷四:"山在姑儿之西。姑儿水又象蜂形,西乡,故名曹夕。(曹,蜂房也。)"

再往南六百里,叫曹夕山,山下有茂密的榖树,但没有水,有许多鸟兽。

又西南四百里,曰峄皋之山①,其上多金玉,其下多白垩,峄皋之水出焉,东流注于激女之水②,其中多蜃珧③。

**注释**

①峄(yì)皋之山,《五藏山经传》卷四:"山属者曰峄,沮涂曰皋。即长白山,北与费德里相属,图门源出其东麓,东北流会布尔哈图河入海。"②激女

之水，《五藏山经传》卷四："激女之水即激水也。"③蜃，大蛤蜊。珧(yáo)，郝懿行曰："《尔雅》云：'蜃小者珧。'郭注云：'珧，玉珧，即小蚌也。'"

再往西南四百里，叫峄皋山，山上多产金、玉，山下多产白垩，峄皋水在这里发源，向东流入激女水，水中有许多蜃和珧。

又南水行五百里，流沙三百里①，至于葛山之尾，无草木，多砥砺。

①"又南"两句，《五藏山经传》卷四："五百里，自绥芬口沿海西南行又西北溯图门江至浑春河口也；流沙，水中多沙也；三百里，布尔哈图河、海兰河会处也。"

再往南沿水路走五百里，过流沙三百里，就到了葛山的尾端，这里没有草木，有许多砥砺。

又南三百八十里，曰葛山之首，无草木。澧水出焉，东流注于余泽，其中多珠蟞鱼，其状如肺①而有②目，六足有珠，其味酸甘，食之无疠。

①肺，一说为"胏"字的误写。②有，一说应为"四"字。

珠蟞鱼

再向南三百八十里的地方是葛山的首端，这里不生草木。澧水从这里流出，流入东边的余泽，水中有很多珠蟞鱼，珠蟞鱼形状像肺，长着眼睛，六只脚都长着珠子。这种鱼味道又酸又甜，吃了它不会染上瘟疫。

又南三百八十里，曰余峨之山。其上多梓枏①，其下多荆芑②。杂余之水出焉，东流注于黄水。有兽焉，其状如菟而鸟喙，鸱目蛇尾，见人则眠，名犰狳，其鸣自讠卜，见则螽蝗③为败④。

①枏，同"楠"。②芑，通
"杞"，即枸杞。③螽蝗，蝗虫之
类的昆虫。④为败，为害。

犰狳

译文

再往南三百八十里的地方
叫余峨山，山上树林以梓木和
楠木为多，山下遍布牡荆和枸杞。杂余水发源于此，向东流入黄水。山上
有一种像兔子，但有鸟嘴、猫头鹰的眼睛、蛇的尾巴的野兽，看到人就装
死，它名叫犰狳，它的叫声如同呼喊"犰狳"二字，它一出现，各种各样
的害虫和飞蝗就来祸害庄稼。

又南三百里，曰耿山①，无草木，多水碧②，多大蛇。有兽焉，其状如狐而鱼
翼，其名曰朱獳③，其鸣自讠川，见则其国有恐。

注释

①耿山，《五藏山经传》卷四："耿犹囧也。古作囧，亦作囧，目相盱视也。
山在朝鲜之端川郡西北三十里，有二水南北相累乡并东南流，至利城县入
海，象囧形。"②水碧，郭璞曰："亦水玉类。"《石雅·琳琅》："《山海经》所称
碧与青碧均别有所指，非水碧也，故于耿山独言多水碧，以别于碧与青碧也，
古之水苍玉庶或近之。《山海经》：竹山，竹水出焉，北流注于渭，多苍玉；丹
水出焉，东南流注于洛水，其中多水玉，明水玉与苍玉流分而源合也。"③獳，
音 rú。

译文

再往南三百里，叫耿山，没有草木，多产水碧，又有许多大蛇。有一
种兽，形状像狐，又长有鱼鳍，名字叫朱獳，它的名字是据自己的叫声得
来的，它一出现该国就会有恐慌。

又南三百里，曰卢其之山①，无草木，多沙石。沙水出焉，南流注于涔水，
其中多鹙②鹈，其状如鸳鸯而人足③，其鸣自讠川，见则其国多土功。

①卢其之山,郝懿行曰:"《太平御览》九百二十五卷引此经,卢其作宪期。"《五藏山经传》卷四:"临津江即溞水,出铁原府西北八十余里,东南流环曲西南似箕,其北一水即沙水南流入之,似宪。宪,县也。"②鸳,音lí。③人足,郭璞曰:"今鹈鹕足颇有似人脚形状也。"

**译文**

再往南三百里,叫卢其山,没有草木,有许多沙石。沙水在这里发源,向南流入溞水,水中多鸳鹕,形状像鸳鸯,脚的形状像人脚,它的名字是据自己的叫声得来的,它的出现预示着该国要大兴土木。

又南水行三百里,流沙百里,曰北姑射之山①,无草木,多石。

①北姑射之山,《五藏山经传》卷四:"山即淮阳府北秋池岭。"

**译文**

再往南沿着水路走三百里,再经过一百里流沙就到了北姑射山,山上寸草不生,有许多的石头。

又南五百里,曰缑氏之山①,无草木,多金、玉。原水出焉,东流注于沙泽。

①缑(gōu)氏之山,《五藏山经传》卷四:"山在陕川郡东,有水东北流入瓠卢河东南注海。"

**译文**

再往南五百里是缑氏山,山上不生长草木,但满山到处都是金子和玉石,原水从这里流出,向东流入沙泽。

又南三百里,曰姑逢之山,无草木,多金玉。有兽焉,其状如狐而有翼,其音如鸿雁,其名曰獙獙,见则天下大旱。

再朝南三百里是姑逢山，山上草木不生，却盛产金和玉石。山中有一种名叫獙獙的野兽，长得像狐狸却生有翅膀，它的叫声像鸿雁，它一出现，旱灾就会到来。

又南五百里，曰碔山①，南临碔水②，东望湖泽③。有兽焉，其状如马，而羊目、四角、牛尾，其音如獋狗，其名曰峳峳④，见则其国多狡客⑤。有鸟焉，其状如凫⑥而鼠尾，善登木，其名曰絜⑦钩，见则其国多疫。

**注释**

①碔(zhēn)山，《五藏山经传》卷四："朝鲜西南海中之珍岛也。有珍岛郡城。"②碔水，《五藏山经传》卷四："郡南有南桃浦，盖即碔水。碔，婴石也。"③湖泽，《五藏山经传》卷四："岛之东为灵岩郡河口，有曲渚及大浅滩，所谓湖泽。"④峳，音 yóu。⑤狡，狡猾。⑥凫，野鸭。⑦絜，音 xié。

峳峳

再往南五百里，叫碔山，南面紧挨着碔水，东面是湖泽。有一种兽，形状像马，眼睛像羊、四个角、尾巴像牛，叫声像獋狗，名字叫峳峳，它的出现预示着该国会出很多狡猾的人。有一种鸟，形状像野鸭，尾巴像老鼠，善于爬树，名字叫絜钩，它的出现预示着该国会疫病流行。

凡东次二经之首，自空桑之山至于碔山，凡十七山，六千六百四十里。其神状皆兽身人面载觡①。其祠：毛用一鸡祈，婴②用一璧瘗。

**注释**

①觡(gé)，郭璞曰："麋、鹿属角为觡。"②婴，有人怀疑"婴"是一种祭礼的名称，但苦于无据，故不译出，下同。

总计东方第二列山系始末，从空桑山到碔山，一共十七座，六千六百四十里，这些山神都是兽的身体，人的面容，头上有鹿角。祭祀他们时毛物用一只鸡来祈祷，婴用一块璧埋入土中。

精华赏析

　　《东次二经》在介绍东方第二列群山时，按照方位顺序有条不紊地叙述，每座山一个小段，使文章的层次分明、脉络清晰。

　　文中描写的野兽都非常奇怪，有些还能预示自然灾害，这就给他们蒙上了神秘的色彩，深深地吸引了读者的阅读兴趣。

　　文章短小精悍，但是包含的内容非常丰富，提到的山有十几座，奇灵异兽几十种，而且对每一种野兽都写得活灵活现，让人叹为观止。

　　虽然文章的内容荒诞无稽，却体现出古人丰富的想象力和创造力，表达了他们对生活的热爱。

# 东次三经

又东次三经之首，曰尸胡之山①，北望䍃山②，其上多金、玉，其下多棘。有兽焉，其状如麋而鱼目，名曰妟③胡，其鸣自订。

①尸胡之山，《五藏山经传》卷四："海口东北，其水西流，数折南入于海，象卧尸胀大之形，故名尸胡。"②䍃(xiáng)，同"牂"。䍃山，《五藏山经传》卷四："瑷河自辽阳州东之瑷阳门北、分水岭南合数水来入，象死羊在负，其首反垂之形，故曰䍃山。"③妟，音 wǎn。

**译文**

东方第三列山系的第一座山叫尸胡山。山的北面与䍃山相邻，山上有大量的金和玉，山下生长着许多荆棘。山上有一种野兽，它的形状像麋但有鱼一样的眼睛，名字叫妟胡，它的叫声就是它的名字。

又南水行八百里，曰岐山①，其木多桃李，其兽多虎。

①岐山，《五藏山经传》卷四："白翎三岛也。北距床山四十里，西距山东之成山三百六十里。"

**译文**

再往南沿着水路行走八百里的地方是岐山，山上有许多桃树和李树，山上有很多老虎。

又南水行七百里，曰中父之山①，无草木，多沙。

**注释**

①中父之山，《五藏山经传》卷四："朝鲜西南小岛也，去海约二百里。"

再向南沿着水路走七百里有一座中父山，山上草木不生，有许多沙。

又东水行千里，曰胡射之山①，无草木，多沙石。

①胡射之山，吕调阳校作"湖射之山"，《五藏山经传》卷四："朝鲜东南隅加德岛也。其东北晋江水东南注海，前阻绝影岛澳渚洄流，常西南注，故曰湖射。"

译文

再沿着水路向东，走一千里是胡射山，山上没有花草树木，只有许多沙石。

又南水行七百里，曰孟子之山，其木多梓桐，多桃李，其草多菌蒲①，其兽多麋、鹿。是山也，广员百里。其上有水出焉，名曰碧阳，其中多鳣鲔②。

注释

①菌蒲，紫菜、海带、海苔之类的海菜。②鳣鲔，鳣，古人说是一种大鱼，体型较大，鼻子较短，口在颌下，有斜行甲却没有鳞，肉黄色；鲔，古之鳣，似鳣而长鼻，身上无鳞甲。

鳣

再朝南行七百里的水路到达孟子山，山上有很多梓木和桐木，桃树和李树也很多，草类以菌蒲为主，野兽麋和鹿居多。这座山，方圆有几百里。碧阳水从山上流出，水中盛产鳣鲔。

又南水行五百里，曰流沙①，行五百里，有山焉，曰跂踵之山，广员二百里，无草木，有大蛇，其上多玉。有水焉，广员四十里皆涌②，其名曰深泽③，其中多蠵龟④。有鱼焉，其状如鲤，而六足鸟尾，名曰鮯鮯⑤之鱼，其名自讯。

注释

蠵龟　　　　　　　　　　　　鲐鲐鱼

①流沙,《五藏山经传》卷四:"流沙在要儿梁西北,长四十里,沙之北尾之东即唐津江入海之口也。自南尾向南行,经梁西又东南达向江口约二百余里,溯江东行,曲折东北约三百里,至珍岑城北,城南即跂踵山。"②"有水"两句,郭璞曰:"今河东汾阴县有瀵水,源在地底,溃沸涌出,其深无限,即此类也。"③深泽,《五藏山经传》卷四:"山之南为连山县,山西有泥山城,有小水西入向江,即深泽。"④蠵(xī),郭璞曰:"蠵,觜蠵,大龟也,甲有文彩,似瑇瑁而薄。"⑤鲐,音 gé。

译文

再往南沿水路走五百里是流沙,再走五百里,有一座山,名叫跂踵山,方圆二百里,没有草木,有大蛇,山上多产玉。有水在方圆四十里的范围内从地下涌出,名叫深泽,水中多蠵龟。有一种鱼,形状像鲤鱼,有六只脚和鸟一样的尾巴,名叫鲐鲐鱼,它的名字是据自己的叫声得来的。

又南水行九百里,曰踇隅之山①,其上多草木,多金玉,多赭。有兽焉,其状如牛而马尾,名曰精精,其鸣自詨。

注释

①踇(mǔ)隅之山,吕调阳校作"踇禺之山",《五藏山经传》卷四:"尸胡南也。荣城以东海岸参差象狒狒迅走踵反,故曰踇禺。"

译文

再沿着水路向南走九百里是踇隅山,山上生长着茂密的花草树木,盛产金和玉,还有许多赭。山上有一种野兽,形状像牛但有马的尾巴,它的名字叫精精,它的叫声就是自己的名字。

又南水行五百里,流沙三百里,至于无皋之山<sup>①</sup>,南望幼海,东望樽木<sup>②</sup>,无草木,多风。是山也,广员百里。

①无皋之山,《五藏山经传》卷四:"今自鸭绿江口循海西南百八十馀里得沙河口,又五十里大庄河合沙河来入,又百四十里经水口四至大沙河口,又三十里至澄沙河口,此二百馀里中海中小岛十有九傍岸,皆沙浅,又百三十里讫旅顺城曰无皋之山,即《北次三经》云'鸡号之山'也。无皋,小儿号乳也,象形。"

②樽(fú)木,吕调阳校作"搏叒",《五藏山经传》卷四:"搏通扶,叒,古女字,扶叒即扶余也,今朝鲜之扶余县,水自锦山城南两源合,北流受左右二水,经跂踵山之东环流而西而西北,受东北三源,合流西来之乌岭水,又西北屈而西南经县北,西合跂踵山水入海,自县以东水形象女子天曲扶倚之状,故因以名洲。其水亦象日出渐上,故自古讹传扶叒为日出处也。桑名若木,从叒,以猣傩象女子也。战国以后人不识叒字,相沿读为桑,遂有日出扶桑之说矣。"

再往南沿水路走五百里,再过流沙三百里,就到了无皋山,它南面是幼海,东面是樽木,没有草木,多风。这座山方圆一百里。

凡东次三经之首,自尸胡之山至于无皋之山,凡九山,六千九百里。其神状皆人身而羊角。其祠:用一牡羊,米用黍。是神也,见则风雨水为败。

总计东方第三列山系之始末,起于尸胡山止于无皋山,共计九座山,蜿蜒六千九百里。诸山山神都长着人的身子、羊角。祭祀它们的礼仪是:公羊一只,米用黍。这些神一出现,就伴随着大风、大雨、洪水这样的自然灾害。

精华赏析

　　《东次三经》介绍了东方第三列群山的情况，主要包括山的名字、山上的资源，和生活在山中的异兽，表现出古人丰富的直观想象力和巨大的想象空间。文中充满神奇色彩的异兽为后人文学创作提供了良好的基础。

　　比喻和描写的应用，让陌生的事物变得形象、生动起来，仿佛和作者一起乘船、登山，亲眼看到书中描写的一切。

　　文章结尾时介绍了山神和人祭祀山神的风俗，充满了生活气息，表达了人们对美好生活的向往，以及对大自然的敬畏。

# 东次四经

又东次四经之首，曰北号之山①，临于北海。有木焉，其状如杨，赤华，其实如枣而无核，其味酸甘，食之不疟。食水出焉，而东北流注于海。有兽焉，其状如狼，赤首鼠目，其音如豚，名曰獦狙②，是食人。有鸟焉，其状如鸡而白首，鼠足而虎爪，其名曰鬿③雀，亦食人。

①北号之山，《五藏山经传》卷四："北号在开原县东北二百里，为小辽河东源之大小雅哈河所出山，西自兴安岭循辽河北岸来折而南为此山，自北而南正支尽于鸭绿江口，其分支自松花西源东走，为东源所出之长白顶，又北为呼拉哈源，又东为乌苏里源，水皆北流下山，总曰北号。"②獦狙，音géjū。③鬿，音qí。

东方第四列山系的第一座山叫北号山，坐落在北海岸边，山上有一种树木，形状像杨树，有红色的花，果实像枣但没有核，味道酸酸甜甜，吃了它可以预防疟疾。食水从这里流出，向东北流入大海。山上有一种像狼一样的野兽，但头是红色的，眼睛像老鼠，发出的声音像猪，名字叫做獦狙，会把人作为食物。山上有一种鸟，形状像鸡却有白色的头，老鼠的脚和老虎的爪子，它的名字叫作鬿雀，也会吃人的。

又南三百里，曰旄山①，无草木。苍体之水出焉，而西流注于展水。其中多鳛②鱼，其状如鲤而大首，食者不疣。

鳛鱼

①旄山，《五藏山经传》卷四："鸭绿江上游北岸自三道沟以东小水十，南岸小水五，象旄形，亦象苍木不去其枝之形，体犹支也。山即三道沟所

出之斐德里山，其水南入鸭绿而西南与佟家江会，即展水。"②鳛(qiū)，同鰌，即泥鳅。

再往南三百里，叫旄山，没有草木。苍体水在这里发源，向西流入展水。水中有许多鳛鱼，它的形状像鲤鱼，但头很大，吃了可以不长疣子。

又南三百二十里，曰东始之山，上多苍玉。有木焉，其状如杨而赤理，其汁如血，不实，其名曰芑，可以服马。泚水出焉，而东北流注于海，其中多美贝，多茈鱼，其状如鲋，一首而十身，其臭①如蘪芜②，食之不糦③。

**注释**

①臭，气味。②蘪芜，一种香草，即蘼芜，叶子如当归，气味如白芷。③糦，同"屁"。

再朝南三百二十里的地方叫东始山，山上盛产苍玉。山上有一种名叫芑的树，它像杨树却有红色的纹理，流出的汁如同鲜血一样，不结果实，把它的汁液涂在马身上马就会被驯服。泚水从这里流出，流入东北方向的大海，水中盛产美丽的贝类，亦多产茈鱼，茈鱼长得像鲋鱼，一个头却有十个身子，身上散发着蘼芜的味道，吃了它可以不放屁。

又东南三百里，曰女烝之山①，其上无草木。石膏水出焉，而西注于鬲水②，其中多薄鱼，其状如鱣鱼而一目，其音如欧③，见则天下大旱。

**注释**

①女烝之山，《五藏山经传》卷四："山盖在鸭绿江东岸朝鲜张杰城之东，有水西流合东南水而西注江，亦象女子天侧形而前临鬲水，故曰女烝。"②鬲水，《五藏山经传》卷四："鸭绿自栗子沟以南、佟家自玛察河口以南，两江左右环合，象鬲形也。"③其音如欧，郭璞曰："如人呕吐声也。"

再往东南三百里的地方是女烝山，山上不生长草木。石膏水从这里流出，向西流入鬲水，水中有许多的薄鱼游动，它的形状像鱣鱼但只有一只眼睛，声音像人在呕吐一样，它一出现，天下就会有大旱发生。

又东南二百里，曰子桐之山，子桐之水出焉，而西流注于余如之泽。其中多鲭鱼，其状如鱼而鸟翼，出入有光，其音如鸳鸯，见则天下大旱。

 注释

①子桐之山，吕调阳校作"辛桐之山"，《五藏山经传》卷四："辛梓通。梓桐，琴材也，因钦山为义。山为暖河东源所导，西南会分水岭水而西南而东南入鸭绿江注海，海自口南东曲为大渚谓之余如之泽也。"

译文

再往东南二百里就到了子桐山，子桐水从这里流出，向西流入余如泽。水中有许多鲭鱼，它的形状像鱼，但有鸟的翅膀，进进出出时会发光，叫声和鸳鸯一样，它一出现天下就会有大旱灾。

又东北二百里，曰剡山，多金玉。有兽焉，其状如彘而人面，黄身而赤尾，其名曰合窳，其音如婴儿。是兽也，食人，亦食虫蛇，见则天下大水。

 译文

再朝东北二百里是剡山，山上蕴藏着丰富的金子和玉石。山中有一种野兽叫合窳，它长得像猪却是人的面孔，黄身子，红尾巴，它叫起来如同婴儿在啼哭。这种野兽吃人，也吃各种虫子和蛇，它的出现预示着水灾的发生。

又东二百里，曰太山，上多金玉、桢木。有兽焉，其状如牛而白首，一目而蛇尾，其名曰蜚，行水则竭，行草则死，见则天下大疫。钩水出焉，而北流注于劳水，其中多鳣鱼。

蜚

 注释

①桢木，即女桢树。

译文

再朝东二百里是太山，山上遍布金子、玉石以及女桢树。山中有

山海经
SHAN HAI JING

一种形状像牛，但长着白色脑袋、一只眼睛、蛇尾巴的叫作蜚的野兽。它一出行，行经有水的地方，水就会干涸；行经有草的地方，草就会枯死。它一出现，天下必有灾难瘟疫。钧水从此流出，向北流入劳水，水中有大量的鱃鱼。

精华赏析

　　《东次四经》在介绍东方第四列山系的时候，用大量的文字描写了多种奇怪的野兽，仿佛带读者进入一个全新的、神奇的梦幻世界。

　　文中的奇花异草和野兽奇怪得令人惊讶，古人大胆、奇特的想象力和创造力令人惊叹不已，让人深深地感受到古人无穷的智慧。

　　文章还写了山中蕴藏的矿产资源、植物资源和水资源，充分体现了我国物产丰富的特点，表现了人们对自然的敬畏。

89

# 卷五 中山经

## 中山经

中山经薄山①之首，曰甘枣之山。共水②出焉，而西流注于河。其上多枏木，其下有草焉，葵本而杏叶，黄华而荚实，名曰箨③，可以已瞢④。有兽焉，其状如默⑤鼠而文题，其名曰㸲⑥，食之已瘿。

### 注释

①薄山，《五藏山经传》卷五："薄同亳，一作'蒲'。中条山自河曲而东北属于太行，总曰薄山。其首则亳清河东源所出是也。"②共水，《五藏山经传》卷五："共，亳清河，象拱立形也。"③箨，音 tuò④瞢(méng)，眼睛看不清东西。⑤默，独的古字。⑥㸲，音 nuó。

㸲

### 译文

中央第一列山系薄山山系的第一座山是甘枣山。共水发源于此，向西流入河中，山上有茂盛的枏木，山下生长着许多草，这种草根像葵，叶子像杏，黄色的花，果实与豆荚差不多，它的名字叫箨，可以让眼睛看不清的人视力变好。山上有一种野兽，形状像默鼠，但有花纹在额头上，它的名字叫㸲，吃了它的肉可以消除肿块。

又东二十里,曰历儿之山①,其上多檀,多櫔②木,是木也,方茎而员叶,黄华而毛,其实如拣③,服之不忘。

**注释**

①历儿之山,《五藏山经传》卷五:"山在今横岭关。"②櫔,音li。③拣,"楝"字之误。汪绂曰:"楝木似槐子,如指头,色白而粘,可捣以浣衣,服之益肾。此服之不忘,谓令人健记,盖亦楝类也。或作'简',非。"

**译文**

再往东二十里,叫历儿山,山上有许多檀木,又有许多櫔木,这种树茎是方的,叶子是圆的,黄色的花上有毛,果实像楝树子,吃了可以增强记忆力。

又东十五里,曰渠猪之山①,其上多竹。渠猪之水②出焉,而南流注于河。其中是多豪鱼,状如鲔,赤喙尾,赤羽,可以已白癣。

**注释**

①渠猪之山,《五藏山经传》卷五:"山今名诸冯山,水曰沈水。"②渠猪之水,《五藏山经传》卷五:"猪,潴也,言潴伏潜流如渠也。其水东南历鼓钟上峡伏入石下,南至下峡而出,再伏再出,南入于河。其别源潜流地中,东出为济渎。"

豪鱼

**译文**

再往东十五里叫渠猪山,山上有许多竹子。渠猪水在这里发源,向南流入河。水中有许多豪鱼,形状像鲔,嘴、尾巴和鳍都是红色的,可以治疗白癣病。

又东三十五里,曰葱聋之山①,其中多大谷,是多白垩,黑、青、黄垩②。

**注释**

①葱聋之山,《五藏山经传》卷五:"葱,聪通借字。聪聋即鼓钟上峡,悬洪五丈,飞流注壑,铿号之音壮猛楲耳。"②"是多"句,郭璞曰:"言有杂色垩也。"

再往东三十五里是葱聋山，山中有许多大谷，谷中到处都是垩，有白色、黑色、青色和黄色四种。

又东十五里，曰涹山[1]，其上多赤铜，其阴多铁。

①涹(wō)山，《五藏山经传》卷五："涹，水所委流也。山在上峡东南，有古冶官。"

译文

再向东十五里是涹山，山上到处都是赤铜，山的北面则是大量的铁矿。

又东二十里，曰金星之山，多天婴，其状如龙骨[1]，可以已痤。

①龙骨，郝懿行曰："《本草别录》云：'龙骨生晋地川谷、及太山岩水岸土穴中死龙处。'"其所引述实际是古代某些动物的化石，中医上用做强壮剂。

译文

再往东二十里是金星山，山上遍布天婴，它的形状和龙骨很像，可以用来治疗痤疮。

又东十五里，曰櫔谷之山[1]，其中多赤铜。

①櫔谷之山，《五藏山经传》卷五："渠猪之东，洗水东源所发，两源之间一水西南入鼓钟川，今谓之历山水也。"

译文

再往东走十五里的地方是櫔谷山，山上有许多的赤铜。

又北三十里，曰牛首之山。有草焉，名曰鬼草，其叶如葵而赤茎，其秀[1]如禾,服之不忧。劳水出焉,而西流注于滽水,是多飞鱼,其状如鲋鱼,食之已痔衕。

①秀,此处指草开的花。

再朝北三十里是牛首山。山中有一种名叫鬼草的草,叶子像葵叶,生着红色的茎,花与禾苗开的花极为相似,服用了它的人就会消除忧郁。劳水从这座山流出,流入西边的滽水,水中有很多飞鱼,外形与鲋鱼相似。吃了飞鱼可以治疗痔疮和痢疾。

飞鱼

又北四十里,曰霍山,其木多榖。有兽焉,其状如狸①,而白尾有鬣,名曰朏朏,养之可以已忧。

①狸,狸猫,野猫的一种。

再往北四十里叫霍山,山上多构树。山中有一种叫朏朏的野兽,它长得像狸猫,却生有白色的尾巴,脖上有鬃毛,饲养了这种动物就可以消除忧愁。

又北五十二里,曰合谷之山①,是多薝棘②。

①合谷之山,《五藏山经传》卷五:"在杀虎口。"②薝(zhān)棘,郝懿行曰:"《本草》云:'天蕈冬一名颠棘。'即《尔雅》'髦,颠棘'也。薝,《玉篇》云:'丁敢切。'疑薝、颠古字或通。"

再往北五十二里，叫合谷山，这里生长着茂盛的蘑棘。

又北三十五里，曰阴山①，多砺石、文石。少水出焉，其中多雕棠，其叶如榆叶而方，其实如赤菽②，食之已聋。

①阴山，《五藏山经传》卷五："今晋祠泉所发，在太原县南。"②赤菽，赤小豆。

再往北三十五里，叫阴山，山上有许多砺石、文石。少水在这里发源，这里有许多雕棠，叶子像榆树叶但是方的，果实像赤小豆，吃了可以治疗耳聋。

又东北四百里，曰鼓镫之山①，多赤铜。有草焉，名曰荣草，其叶如柳，其本如鸡卵，食之已风。

①鼓镫之山，《五藏山经传》卷五："今灵丘县西之团山及鼓子山也。"

再往东北四百里是鼓镫山，有许多赤铜分布在山上各处。山上有一种草叫荣草，它的叶子像柳叶，根像鸡蛋一样，吃了它可以治疗风症。

凡薄山之首，自甘枣之山至于鼓镫之山，凡十五山，六千六百七十里。历儿，冢也，其祠礼：毛，太牢之具①；县以吉玉。其馀十三山者，毛用一羊，县婴用桑封，瘗而不糈。桑封者，桑主也，方其下而锐其上，而中穿之加金②。

①具，酒食，这里指祭献的食物。②加金，汪绂曰："饰以金也。"

总计薄山山系的始末，从甘枣山到鼓镫山，一共十五座山，六千六百七十里。历儿山是其他山神的君主，祭祀它的仪式为：毛物用太牢，县用吉玉。其他十三座山，毛物都用一只羊，县和婴用桑封，只埋祭物不用精米。桑封即用桑木做的牌位，上面尖锐，下面方正，中间穿插金属作为装饰。

精华赏析

　　《中山经》通过对中央薄山山系的介绍，描写了多种能够防病、治病的植物和动物，反映出当时医疗水平落后，只能靠经验治病的现状，同时也表现出古人在恶劣条件下展示出的惊人智慧。

　　文章常常会用到比喻的修辞手法，特别是在介绍奇怪的动植物时，这样能够让事物具体可感。同时也使用了大量的描写手法，可以让被描写的对象更加具体。

　　结尾处写古人对祭祀山神时的虔诚，说明古人对自然灾害毫无招架之力，只能祈祷山神必有，表现出他们对大自然的敬畏。

# 中次二经

中次二经济山之首,曰辉诸之山①,其上多桑,其兽多间麋,其鸟多鹖②。

①辉诸之山,《五藏山经传》卷五:"辉诸山在孟津县西,圜阜累累相属,今有员图寺,古谓之钩陈垒。"②鹖(hé),郭璞曰:"似雉而大,青色有毛,勇健,斗死乃止。"

**译文**

中央第二列山系济山山系的第一座山是辉诸山,山上有大量桑树生长,山上的野兽以间、麋为多,鸟类有很多鹖。

又西南二百里,曰发视之山①,其上多金玉,其下多砥砺。即鱼之水②出焉,而西流注于伊水。

①发视之山,《五藏山经传》卷五:"山在伊阙之南,西临广成泽。"②即鱼之水,《五藏山经传》卷五:"《水经注》:'泽有二水,北水出泽西南,迳杨志坞北与南水合;南水自泽西流迳陆浑县南,又西北流屈而东迳杨志坞南,又北屈迳其坞东,又迳坞北合北水同注老倒涧入于伊'其大形象人启视,又象鱼首。即,啑,食也。"

**译文**

再往西南二百里,叫发视山,山上多产金、玉,山下多产砥砺。即鱼水在这里发源,向西流入伊水。

又西三百里,曰豪山①,其上多金、玉而无草木。

①豪山,《五藏山经传》卷五："山在鲜水曲处之北,广成泽之东南。"

再往西三百里是豪山,山上有大量金和玉,但草木不生。

又西三百里,曰鲜山①,多金、玉,无草木。鲜水出焉,而北流注于伊水。其中多鸣蛇,其状如蛇而四翼,其音如磬,见则其邑大旱。

①鲜山,《五藏山经传》卷五："山与豪山连麓。《水经注》谓之狼皋山,其水西北流,阳水自西南来入,屈而西南注伊,象鲜尾。"

鸣蛇

再往西三百里的地方是鲜山,山上到处分布着金和玉,但不生长草木。鲜水从这里流出,向北流入伊水。水中有许多鸣蛇,它的形状像蛇但有四只翅膀,声音像磬音,它一出现,那么地方上就会有大旱灾。

又西三百里,曰阳山,多石,无草木。阳水出焉,而北流注于伊水。其中多化蛇,其状如人面而豺①身,鸟翼而蛇行,其音如叱呼,见则其邑大水。

①豺,动物名,一种体形比狼稍小的凶猛野兽。喉与腹部呈白色,身体多是红色,尾端呈黑色。

再往西三百里称为阳山,山上石头众多却草木不生。阳水发源于此,向北流入伊水。水中有许多化蛇,它们有人的面孔、豺的身体、鸟的翅膀,行走起来蜿蜒曲折似蛇行,它的叫声像人的呵斥声,它出现在哪里,哪里就有大水灾。

又西二百里,曰昆吾之山,其上多赤铜①。有兽焉,其状如彘而有角,其音如号,名曰蚕蚕,食之不眯。

①赤铜,传说中上等名铜,色红如火,用它做剑刃,锋利无比,切玉如同割泥。传说中的昆吾剑即用这种铜锻造而成。

**译文**

再往西二百里的地方叫昆吾山,山上到处都是赤铜矿。山中有一种野兽叫蚕蚕,它长得像猪却有角,叫声如同人在号叫,吃了它的肉可以不做噩梦。

又西百二十里,曰蓁山①,蓁水出焉,而北流注于伊水,其上多金、玉,其下多青雄黄。有木焉,其状如棠而赤叶,名曰芒草②,可以毒鱼。

①蓁山,《五藏山经传》卷五:"山在西南,《水经注》所误指为鲜山者也。其水北流合独苏山水东北注伊。"②芒草,又名茵草、莽草。形状像石楠而叶稀,有毒。即木兰科植物狭叶茴香。

**译文**

再往西一百二十里,叫蓁山,蓁水在这里发源,向北流入伊水,山上多产金、玉,山下多产青雄黄。有一种树,形状像棠,叶子是红色的,名叫芒草,可以用来毒鱼。

又西一百五十里,曰独苏之山①,无草木而多水。

①独苏之山,吕调阳校作"独稣之山",《五藏山经传》卷五:"鱼得水苏曰稣,从禾,尾动如木折末也。伊水之义为死,唯近源处之鸾、交二水东北注伊,似鲜尾,故曰独苏。"

再往西一百五十里的地方是独苏山,山上草木不生,只是有许多水流环绕。

凡济山之首，自辉诸之山至于蔓渠之山，凡九山，一千六百七十里。其神皆人面而鸟身。祠用毛，用一吉玉，投而不糈。

译文

总计济山山系首尾，从辉诸山起，到蔓渠山为止，一共九座山，一千六百七十里。这些山神都是人的面容，鸟的身体。祭祀它们的礼仪是用毛物，用一块吉玉，投掷到山上，不用精米。

精华赏析

　　《中次二经》用精悍简单的文字，描绘了中央第二列群山奇特的景象，让读者大饱眼福的同时，也为古人丰富的想象惊叹不已！

　　文中让人印象最深的是那些外貌奇异的野兽，它们蛇不像蛇、鸟不像鸟，甚至同时拥有鸟类、野兽和鱼类共同的特征，令人脑洞大开。最令人吃惊的是，它们还能预测或制造自然灾害。

　　文章还记录了人们祭祀山神的方法，说明当时的社会原始而愚蠢，以至于人们对自然灾害束手无策，才会转而向山神祈祷。

# 中次三经

中次三经荙山①之首，曰敖岸之山②，其阳多㻬琈之玉，其阴多赭、黄金。神熏池居之。是常出美玉。北望河林③，其状如蒨如举。有兽焉，其状如白鹿而四角，名曰夫诸，见则其邑大水。

**注释**

①荙(bèi)山，《五藏山经传》卷五："巩在洛东，东抵京索皆古东阳荙山地。《吕氏春秋》'夏后孔甲畋于东阳荙山'是也。"②敖岸之山，《五藏山经传》卷五："敖山亦总号，而敖岸则临洛滨，《诗》曰'搏兽于敖'，《春秋传》曰'晋师在敖鄗之间'是也。敖、磝通，山多小石也。"③《五藏山经传》卷五："河林在河内，今清化镇。"

**译文**

中央第三列山系荙山山系的第一座山叫敖岸山，山的南面到处都是㻬琈玉，北面则遍布赭和黄金。天神熏池住在这里。这里经常会出美玉。北面是河林，苍郁葱翠，朝气蓬勃。山上有一种野兽，它长得像白鹿，但有四个角，它的名字叫夫诸，它一出现，地方上就会发大水。

夫诸

又东十里，曰青要之山，实惟帝之密都①。北望河曲，是多驾鸟②。南望墠渚③，禹父④之所化，是多仆累、蒲卢⑤。魈武罗⑥司之，其状人面而豹文，小要而白齿，而穿耳以镱⑦，其鸣如鸣玉。是山也，宜女子。畛水出焉，而北流注于河。其中有鸟焉，名曰鹎，其状如凫，青身而朱目赤尾，食之宜子。有草焉，其状如荔，而方茎、黄华、赤实，其本如藁木⑧，名曰荀草,服之美人色。

①帝之密都,帝即黄帝;密都,隐秘的都城。②驾鸟,一说驾鹅,驾即野鹅。③渚:水中的小洲。④禹父,大禹的父亲,即鲧。⑤仆累、蒲卢,仆累,蜗牛;蒲卢,圆形贝壳软体动物的一种。⑥武罗,神仙。⑦镍:金银质耳环。⑧藁木,木,"本"之误;藁本,一种香草。

再往东十里是青要山,黄帝的隐秘都邑就在此山中。站在山上向北面可以看到河流的弯曲处,常常有群飞的野鹅。向南面望去可以看到墠渚,这是禹的父亲化为异物的地方,有很多蜗牛和蒲卢。这个地方由武罗神掌管,它长着人的面孔,身上有豹纹,细腰,牙齿雪白,耳朵上佩戴着金银耳环,叫声像鸣玉。这座山,适合女子居住。畛水发源于此,向北流入黄河。山上有一种名叫䲹的鸟,它有着野鸭的样子,青色的身体,浅红眼,深红尾,吃了它的肉可以多生孩子。山中有一种草叫荀草,它的外形像兰草,但生着方茎,开着黄花,结红色的果,根像香草的根,吃了这种草可以变得更加美丽。

又东十里曰騩山①,其上有美枣,其阴有琈珢之玉。正回之水②出焉,而北流注于河。其中多飞鱼,其状如豚而赤文,服之不畏雷,可以御兵。

①騩山,《五藏山经传》卷五:"騩山即嵩渚之山,南连承云山,水象马人立也。"②正回之水,《五藏山经传》卷五:"嵩渚山有泉发于层阜之上,一源两枝,分流泻注,东为索水,西为东关之水,西北流左纳杨兰水,又西北右合清水,乱流入汜注河,水形象人正旋一足前转之状,故名回。"

再往东十里的地方是騩山,山上有十分美味的枣,山的北面有一些琈珢玉分布着。正回水从这里流出,向北流入河中,水中有许多飞鱼,形状像猪却有红色的纹理,吃了它的肉人们就不怕打雷,可以抵御兵灾。

又东四十里,曰宜苏之山①,其上多金玉,其下多蔓居之木。滽滽②之水出焉,而北流注于河,是多黄贝。

①宜苏之山,《五藏山经传》卷五:"荄苦谓之苏,为其拔而犹活,《尔雅》云'卷葹草拔心不死'是也。此山以土宜得名。"②潏,音 yōng。

### 译文

再往东四十里就是宜苏山,山上盛产金和玉,山下长着许多蔓居之木。潏潏水从这里流出,向北流入河中,这里有许多黄贝。

又东二十里,曰和山,其上无草木而多瑶碧,实惟河之九都①。是山也五曲②,九水出焉,合而北流注于河,其中多苍玉。吉③神泰逢司之,其状如人而虎尾,是好居于萯山之阳,出入有光。泰逢神动天地气也。

①都,汇集的地方。②五曲,五重。③吉,善。

### 译文

再往东二十里的地方是和山,山上草木不生,却多产瑶和碧之类的玉石,和山是黄河的九条支流汇聚的地方。此山蜿蜒曲折,回环往复共有五重。九条水发源于此,汇合起来之后向北流入黄河,水中盛产苍玉。吉神泰逢掌管着这座山,它长得像人而生有虎尾。它总是喜欢居住在萯山的南面,出出进进都闪着耀眼的光芒。泰逢神法力巨大,可以动摇天地之气、呼风唤雨。

凡萯山之首,自敖岸之山至于和山,凡五山,四百四十里。其祠泰逢、熏池、武罗,皆一牝羊副①,嬰用吉玉。其二神用一雄鸡瘞之,糈用稌。

泰逢

### 注释

①副(pì),割裂、剖分。

总计荟山山系的首尾，从敖岸山到和山，一共五座，四百四十里。祭祀泰逢、熏池、武罗，都用一头剖开的公羊，婴用一块吉玉。其余两个山神的祭祀礼仪是埋一只雄鸡，精米用粳稻。

　　《中次三经》在介绍中央第三列群山时，充满了神话色彩，这样写既迎合了当时的思维方式，又体现出了古人丰富的想象力和惊人的创造力。

　　文中有很多神奇的动植物，可以治病，可以让人变得美丽、聪明，看上去是无稽之谈，却流露出人们对健康、美丽体魄的追求。

　　用神话故事来写山是本文的一大特色，不仅能增强文章的趣味性，还能满足人们对上古天神强烈的好奇心，留给读者无限的思考、想象空间。人们用美食和珠宝祭祀天神，祈求庇佑，表现出对大自然的敬畏。

# 中次四经

中次四经厘山之首，曰鹿蹄之山[1]，其上多玉，其下多金。甘水出焉，而北流注于洛，其中多泠石。

 **注释**

①鹿蹄之山，《五藏山经传》卷五："鹿蹄山本作鹿台山，在今泽州阳城县。所出为扈泽水。甘泽自北注之，乃有扈之甘，不在河南。河南之甘即二经之即鱼水，出发视山，西流注伊水，形象口有所含，与有扈之甘同，故亦名甘，即周王子带之封邑，不出鹿蹄，亦不注洛也。经所指别是一山，在宜阳东北三十余里，其山阴峻绝百仞，阳则原阜隆平，水发东麓，北流注于洛水，竟未审古为何名也。"

 **译文**

中央第四列山系厘山山系的第一座山叫鹿蹄山，山上很多玉石，山下遍布金子。甘水从这里流出，向北流入洛水，水中有许多泠石。

又西一百二十里，曰厘山，其阳多玉，其阴多蒐[1]。有兽焉，其状如牛，苍身，其音如婴儿，是食人，其名曰犀渠。滽滽之水出焉，而南流注于伊水。有兽焉，名曰獭，其状如獳犬[2]而有鳞，其毛如彘鬣。

犀渠

獭

①蒇,茅蒇,今天的茜草。②獡犬,发怒的狗。

**译文**

再朝西一百二十里是厘山,山的南坡遍布玉石,山的北坡到处是茜草。山中有一种野兽名叫犀渠,它的长相像牛,青黑色的身子,叫声似婴儿啼哭,会吃人。滽滽水从此山流出,流入南边的伊水。这里还有一种名叫獭的野兽,它长得像獡犬但遍身鳞甲,它的毛长在鳞甲间像猪鬃一样。

又西二百里,曰箕尾之山①,多榖,多涂石,其上多㻬琈之玉。

**注释**

①箕尾之山,《五藏山经传》卷五:"夫诸、厘山之东当伊水东北流环曲西北之处总曰箕山,而大章谷迫苦谷为箕山西南过峡,故曰箕尾。"夫当作"扶"。

**译文**

再往西二百里的地方是箕尾山,山上有许多榖树,也有许多涂石,山上到处都是㻬琈玉。

又西二百里,曰白边之山①,其上多金、玉,其下多青雄黄。

**注释**

①白边之山,《五藏山经传》卷五:"盖葛蔓谷水屈如人负卧也。"

再往西二百里是白边山,山上到处分布着金子和玉石,山下则有许多青雄黄。

又西二百里,曰熊耳之山①,其上多漆,其下多棕。浮濠之水出焉,而西流注于洛,其中多水玉,多人鱼。有草焉,其状如苏而赤华,名曰葶苧②,可以毒鱼。

**注释**

①熊耳之山,《五藏山经传》卷五:"山在卢氏县南,《水经注》别名荀渠山。洛水自西北来,经县南折而东北,受西北之卢氏山水,又东北枝渎北出合高

门水东南注之，黄亭溪水亦自北东南注之，象熊仰跌张足之状而荀渠水自南一源两分，一东北流，一西北流，折而东北并入于洛，当其曲处之西，故象熊耳。若合其东所受南岸三水视之，又象豪彘仰浮也。”②葶苧，音 dǐng nìng。

**译文**

再往西二百里，叫熊耳山，山上有茂密的漆树，山下大多是棕树。浮濠水在这里发源，向西流入洛水，其中多产水晶，又有许多人鱼。有一种草，形状像苏，花是红色的，名叫葶苧，可以用来毒鱼。

又西三百里，曰牡山[①]，其上多文石，其下多竹箭、竹䉋，其兽多㸲牛、羬羊，鸟多赤鷩。

**注释**

①牡山，《五藏山经传》卷五：“山即讙举东北支峰。”

**译文**

又往西三百里是牡山，山上有很多花纹的石头，山下生长着茂密的竹箭、竹䉋，山上的野兽主要是㸲牛、羬羊，鸟类大多是赤鷩。

又西三百五十里，曰讙举之山[①]。雒水出焉，而东北流注于玄扈之水，其中多马肠之物。此二山者，洛间也。

**注释**

①讙举之山，《五藏山经传》卷五：“洛水上游自灵峪口以西曰玄扈水，东南流会八水入洛，象脱扈被绁之形。洛有二源，一出三要司西曰故县川，东北流会玄扈水，又东北折而东南与南源合。南源出南河司之西，当三要之南，曰桂仙岭，即讙举山，东北流经牡山，南会西源象讙举之形。”（讙举即牡象，与《中次十经》“仁举”义同。）

**译文**

再往西三百五十里的地方是讙举山。雒水从这里流出，流入东北的玄扈水，水中有大量的马肠之物。两座山被洛水隔开。

凡厘山之首，自鹿蹄之山至于玄扈之山，凡九山，千六百七十里。其神状皆人面兽身。其祠之，毛用一白鸡，祈而不糈，以采衣之①。

①以采衣之，郭璞曰："以采饰鸡。"

总计厘山山系的首尾，从鹿蹄山到玄扈山，一共九座山，一千六百七十里。这些山神都是人面兽身。祭祀他们的礼仪是：毛物用一只白鸡祈祷，不用精米，白鸡要用彩色装饰。

《中次四经》从鹿蹄山出发，一路向西，依次介绍了厘山、箕尾山、白边山等，用这种方位顺序写，可以让文章的层次分明，内容再多也不担心杂乱无章，值得借鉴。

文中记录了很多的金银珠宝、奇花异草、奇灵异兽等，看上去非常荒唐，但是却充分体现了天马行空的想象力。

文章最后写了人们祭祀山神的方法，让文章充满了生活气息，也让我们对古人的生活习性有了进一步的认识。人们寄希望于山神，说明他们根本没有办法对抗自然灾害，从侧面反映了当时的文明程度。

# 中次五经

中次五经薄山之首，曰苟床之山<sup>①</sup>，无草木，多怪石。

 **注释**

①苟床之山，《五藏山经传》卷五："牡羊谓之苟。苟床象形。山在今洛南县西，各二义山，玄扈南源所发，其阳即丹河源也。"

**译文**

中央第五列山系薄山山系的第一座是苟床山，山上不生长草木，有许多怪石。

东三百里，曰首山，其阴多榖柞<sup>①</sup>，其草多𦬊芫<sup>②</sup>。其阳多𤩅琈之玉，木多槐。其阴有谷，曰机谷，多𫛢鸟，其状如枭而三目，有耳，其音如录<sup>③</sup>，食之已垫<sup>④</sup>。

 **注释**

①柞，即柞树，乔木，木质坚硬，叶可养蚕。②𦬊，山蓟，有苍术、白术二种可以入药。③录，通"麓"。④垫，因地势低潮湿而引发的病。

**译文**

向东三百里是首山，它的北坡以构树和柞树为多，山上的草大多是苍术、白术和芫花。山的南部有大量的玉石，树木多槐树。山的北坡有一峡谷叫机谷，有很多𫛢鸟，它长得像枭，有三只眼睛，有耳朵，它叫的声音如同鹿鸣，吃了它的肉可以治疗风湿病。

又东三百里，曰县𤴡之山<sup>①</sup>，无草木，多

𫛢鸟

文石。

①县斸(zhú)之山,《五藏山经传》卷五:"山在灵宝县西弘农河口。斸,曲柄锄,形似仰末,柄上有横以便推,胡下有植以便息。"

**译文**

再往东三百里是县斸山,山上草木不生,有许多有花纹的石头。

又东三百里,曰葱聋之山①,无草木,多㻍石②。

①葱聋之山,《五藏山经传》卷五:"即上文葱聋。"②㻍石,毕沅曰:"㻍当为珷,《说文》云:'石之次玉者。'"《石雅·色金》:"邦石即封石,正字当为珷。"

**译文**

再往东三百里,叫葱聋山,那里没有草木,多产㻍石。

东北五百里,曰条谷之山①,其木多槐、桐,其草多芍药、虋冬②。

**注释**

①条谷之山,《五藏山经传》卷五:"莱芜谷也。"②虋(mén):同虋,郝懿行《尔雅义疏》"虋冬"条下曰:"虋冬,天门冬。"《释文》又误为麦门冬也。"天门冬、麦门冬都是百合科植物,麦门冬一名沿阶草。

**译文**

往东北五百里有座条谷山,山上的树木以槐树和桐树为主,草以芍药和虋草居多。

又北十里,曰超山①,其阴多苍玉,其阳有井,冬有水而夏竭。

①超山,《五藏山经传》卷五:"自县所逾河也。"

再往北十里，叫超山，山的北面多产苍玉，山的南面有井，冬天有水，夏天枯竭。

又东五百里，曰成侯之山①，其上多櫄木②，其草多芒③。

①成侯之山，《五藏山经传》卷五："今钜野县南南武山，古郕侯国所在，春秋时犹存。"②櫄木，郭璞曰："似樗树，材中车辕。"郝懿行曰："《说文》云，杶，或作櫄。即今'椿'字也。"③芒，汪绂曰："蒲也。"

再往东五百里，叫成侯山，山上有许多櫄木，草多为芒草。

又东五百里，曰朝歌之山①，谷多美垩。

①朝歌之山，《五藏山经传》卷五："山在辉县西北苏门山之南。百门、卓陂二泉合西南流，受诸泉注丹水，象人窳而歌也。"

再往东五百里是朝歌山，山谷中有许多的美垩。

又东十里，曰历山①，其木多槐，其阳多玉。

①历山，《五藏山经传》卷五："阌乡水东源所发也。《尸子》云'放牛马于历山'即此。"

再往东十里是历山，山上的树木以槐树为主，山的南面盛产玉。

又东十里，曰尸山，多苍玉，其兽多麖①。尸水出焉，南流注于洛水，其中多美玉。

①麢,一种体型较大的鹿。

再往东十里是尸山,山上遍布苍玉,山上有很多叫麢的野兽。尸水发源于此,向南流向洛水,水中有大量精美的玉石。

又东北二十里,曰升山①,其木多榖、柞、棘,其草多藷萸、蕙,多寇脱②。黄酸之水③出焉,而北流注于河,其中多璇玉④。

①升山,《五藏山经传》卷五:"勺谓之升,所以升酒于爵也。升山即钱来山,弘农河象酒勺也。"②寇脱,郭璞曰:"寇脱草生南方,高丈许,似荷叶而茎中有瓤,正白,零、桂人植而日灌之以为树也。"即五加科植物通脱木,其干燥茎髓称通草,可入药。③黄酸水,《五藏山经传》卷五:"黄酸水即弘农河。"④璇玉,郭璞曰:"石次玉者也。"

再往东北二十里,叫升山,树木多榖树、柞树和棘,草多藷萸和蕙,又有许多寇脱。黄酸水在这里发源,向北流入河,水中多产璇玉。

又东十二里,曰阳虚之山①,多金,临于玄扈之水。

①阳虚之山,《五藏山经传》卷五:"阳虚即阳华,其主峰卢灵关之大圣山也。"

再往东十二里有座阳虚山,山上有许多金矿,与玄扈水紧紧相邻。

凡薄山之首,自苟林之山至于阳虚之山,凡十六山,二千九百八十二里。升山,冢也,其祠礼:太牢,婴用吉玉。首山魁也,其祠用稌、黑牺、太牢之具、蘖酿①;干儛,置鼓,婴用一璧。尸水,合天也,肥牲祠之,用一黑犬于上,用一雌鸡于下,刉②一牝羊,献血。婴用吉玉,采之,飨之。

## 注释

①蘖(niè),生芽的谷类。蘖酿即用蘖酿制的甜酒。②刉(jī),切割。

## 译文

总计薄山山系的首尾,从苟林山起,止于阳虚山,一共十六座,二千九百八十二里。升山山神是其他山神的君主,祭祀他的礼仪为:用太牢,婴用一块吉玉。第一座山的山神是升山山神的臣属,祭祀用的物品为:粳稻、纯黑的牲畜、太牢、蘖酿的甜酒;要有鼓声为舞者伴奏,婴用一块璧。尸水,是天帝所在的地方,用肥壮的牲畜祭祀,一条黑狗放在上面,一只母鸡放在下面,杀一只母羊,用羊血作为祭物。婴用一块用彩饰装扮的吉玉,祭献给山神。

精华赏析

《中次五经》文主要描述了中央第五列群山的风貌,它用生动形象的比喻和丰富的想象力,把读者带到了一个超然脱俗的神奇世界,这里有怪异的石头、野兽、花草树木和珍贵的玉石,让人流连忘返。

文章在结尾的时候对前文进行总结,让结构更加完整。从内容上看,对人们祭祀山神的风俗进行描述,使文章充满了生活气息。从人们对山神虔诚、敬畏的态度可以看出,当时文明非常落后,人们把对美好生活的向往都寄托给山神,为文章增添了神话色彩。

# 中次六经

中次六经缟羝山<sup>①</sup>之首,曰平逢之山,南望伊、洛,东望谷城之山,无草木,无水,多沙石。有神焉,其状如人而二首,名曰骄虫,是为螫虫<sup>②</sup>,实惟蜂、蜜之庐。其祠之:用一雄鸡,禳<sup>③</sup>而勿杀。

①羝,音 dī。②螫虫,尾部有毒针可刺人的虫类的总称。③禳(ráng),除邪消灾的祭祀。

骄虫

**译文**

中央第六列山系缟羝山山系的第一座山是平逢山,山的南面有伊水和洛水围绕,东边与谷城山相邻,山上没有草木生长,也没有水,但有许多沙石。山上有山神,长得像人但有两个头,名字叫作骄虫,是螫虫的一种,这里是蜂类的巢穴。祭祀他的礼仪是:用一只雄鸡,只用来作为除邪消灾的祭物,不用杀了它。

西十里,曰缟羝之山<sup>①</sup>,无草木,多金玉。

**注释**

①缟羝之山,《五藏山经传》卷五:"古谷水台涧水东流注瀍,南入于洛,象羝首。东西二十里中无复小水,故象缟羝。"缟,白色;羝,公羊。

再向西十里是缟羝山,山上草木不生,但遍布金和玉。

又西十里,曰廆山<sup>①</sup>,其阴多㻛琈之玉。其西有谷焉,名曰雚谷,其木多柳、楮。其中有鸟焉,状如山鸡而长尾,赤如丹火而青喙,名曰鸰鹖<sup>②</sup>,其鸣自呼,服之不眯。交觞之水出于其阳,而南流注于洛;俞随之水出于其阴,而北流注于谷水。

①厬(guǐ),《五藏山经传》卷五:"陂水首受洛川于鹿蹄之西,西北流至娄涿山潴为西陂,又东出为东陂,又自陂南分枝东沣洛为瞻水正枝,北流注于瞻渚为陂水。娄者,匍行,乍前乍却也。涿作豕,疾前也。瞻,仰两目也,上有俯之者也,又象蟾蜍形。瞻渚之水又导一枝东南注洛为渤水,象弓弦也。一枝东出为少水,象赤子溺也。少水东至厬山,分枝东南注洛,为交觞之水,一枝北注谷为俞随水。厬象屋上霤也,交觞似觞盖也。俞同瑜,即鹠;随借为唯,音虽。谷洛水象鹠雉,此水在其颈前,象雉鸣相和也。"②鸰鹞,音 líng yāo。

再往西十里,叫厬山,山的北面多产琈琈玉。西面有一个山谷,名叫蘿谷,树木多柳树和楮树。有一种鸟,形状像山鸡,尾巴很长,毛色火红,嘴是青色的,名叫鸰鹞,它的名字是据自己的叫声得来的,吃了它的肉可以不做噩梦。交觞水从山的南面发源,向南流入洛水;俞随水在它的北面发源,向北流入谷水。

又西三十里,曰瞻诸之山,其阳多金,其阴多文石。渫①水出焉,而东南流注于洛;少水出其阴,而东流注于谷水。

①渫,音 xiè。

再往西三十里的地方是瞻诸山,山的南面到处都是金子,北面有许多有花纹的石头。渫水从这里流出,流向东南的洛水;少水从山的北面流出,向东流入谷水。

又西五十里,曰谷山①,其上多穀,其下多桑。爽水出焉,而西北流注于谷水,其中多碧绿②。

**注释**

①榖山,《五藏山经传》卷五:"山在新安县南。"②碧绿,《石雅·色金》:"碧即石青,绿即石绿,二者同类,亦每同处,故经兼及之钦。"

**译文**

再往西五十里是榖山,山上生长着许多榖树,山下有茂密的桑树。爽水从这里流出,流入西北的榖水,水中有许多的石青和石绿。

又西七十二里,曰密山,其阳多玉,其阴多铁。豪水出焉,而南流注于洛,其中多旋龟,其状鸟首而鳖尾,其音如判木。无草木。

旋龟

**译文**

再往西七十二里的地方叫密山,它的南坡以产玉石为主,北坡以铁矿为主。豪水发源于此,流向南边的洛水,水中有大量的旋龟,旋龟长有鸟的头、鳖的尾,它的叫声就像人在劈木头。这座山不生草木。

又西百里,曰长石之山①,无草木,多金、玉。其西有谷焉,名曰共谷,多竹。共水出焉,西南流注于洛,其中多鸣石。

**注释**

①长石之山,《五藏山经传》卷五:"鹈鹕两峰高崖云举,亢石无阶,故曰长石,黄亭溪水出其西,东南流至永宁县西入洛也。或曰长石,立制石也,山产此石,故名。"

**译文**

再往西一百里的地方是长石山,山上草木不生,但遍布金和玉。山的西面有一个叫共谷的山谷,那里有许多竹子。共水从这里流出,流入西南的洛水,水中有许多鸣石。

又西五十里,曰橐山<sup>①</sup>,其木多樗,多楠木,其阳多金、玉,其阴多铁,多萧<sup>②</sup>。橐水出焉,而北流注于河。其中多修辟之鱼,状如黾而白喙,其音如鸥,食之已白癣。

**注释**

①橐山,《五藏山经传》卷五:"今青龙河所出之明山也。其水西北流入河,西六十里曰乾山,乾头河东北入河,两水象橐无底之形。河北即平陆县,有两小水合南流入河,象约橐口之形。"②萧,郭璞曰:"萧,蒿。见《尔雅》。"

**译文**

再往西五十里是橐山,山上的树木以樗树和楠木居多,山的南面遍布金和玉,北面盛产铁矿,也有许多的萧。橐水从这里流出,向北流入河中。水中生活着许多鱼,它的形状像黾,但有白色的嘴,发出的声音像鸥鹰,它的名字叫修辟鱼,人们吃了它的肉可以治疗白癣。

凡缟羝山之首,自平逢之山至于阳华之山,凡十四山,七百九十里。岳在其中<sup>①</sup>,以六月祭之,如诸岳之祠法,则天下安宁。

**注释**

①郭璞曰:"六月亦岁之中。"郝懿行曰:"岳当谓华山也,郭以为中岳,盖失之。"汪绂曰:"此条无中岳,而曰岳在其中,盖以洛阳居天下之中,王者于此以时望祭四岳,以其非岳而祭四岳,故曰岳在其中。"此处原文十分费解,可能有脱讹,故郭璞也并未指出"岳"字指什么,只是说这个"岳"在十四座山、七百九十里的中间,所以祭祀它的时间也取在一年正中间的六月。然而郭璞的话只说了半句,于是郝懿行理解郭璞的意思是"六月是一年的中间,因此要取这个时间来祭祀'中'岳",由此认为郭璞错了。事实上郭璞不可能是这样的意思。姑且不管郭璞所说是否有据,如果他认为"中"岳居中所以要取一年的中间来祭祀,那么,西岳、北岳之类又分别应该取什么时间呢?郭璞的注解有时会望文生义,但还不致如此荒唐。至于汪绂的解释更为牵强,仅供参考。

**译文**

总计缟羝山山系的首尾,从平逢山起,止于阳华山,一共十四座,七百九十里。岳居中，六月的时候来祭祀它，和其他诸岳的祭祀一样，那么天下就会安宁。

精华赏析

　　《中次六经》用短小精悍的文字介绍了中央第六列群山的光景，这些山大多也寸草不生，但是却含有丰富的矿产资源，表现出它们物产丰富的特点，从侧面表现出人们对金银珠宝的喜爱和追求。

　　文章想象力非常丰富，表现出惊人的创造力。印象最深的是有两个头，长得像人的骄虫，古人创造这种反自然的山神，体现出他们惊人的智慧。人们祭祀山神，表现了对山神的敬畏和感恩。大自然给人们带来灾害的同时，也会提供人们赖以生存的条件，我们对大自然应该常怀敬畏、感恩之心。

# 中次七经

《中次七经》苦山之首，曰休与之山。其上有石焉，名曰帝台之棋①，五色而文，其状如鹑卵，帝台之石，所以祷百神者也，服之不蛊。有草焉，其状如菁，赤叶而本丛生，名曰凤条，可以为锦②。

① 帝台之棋，郭璞曰："帝台，神人名。棋谓博棋也。"②锦(gān)，箭杆。

**译文**

中央第七列山系苦山山系的第一座山是休与山。山上有名字叫帝台棋的石头，有五彩的纹理，形状像鹌鹑蛋那样，可以用帝台石向各种神灵祈祷，佩带它可以让人们不患蛊病。山上有一种草，形状和菁差不多，叶子呈红色，很多根长在一起，名字叫凤条，可以用来做箭杆。

东三百里，曰鼓锺之山①，帝台之所以觞②百神也。有草焉，方茎而黄华，员叶而三成③，其名曰焉酸，可以为④毒。其上多砺，其下多砥。

①鼓锺之山，《五藏山经传》卷五："休舆东也。山为今小章谷。"②觞，请人喝酒。③三成，郭璞曰："叶三重也。"④为，治。

**译文**

往东三百里叫鼓锺山，帝台宴会众神的地方。有一种草，茎是方的，花是黄色的，圆的叶子有三重，名字叫焉酸，可以解毒。山上多产砺，山下多产砥。

又东二百里，曰姑媱之山①。帝女死焉，其名曰女尸，化为䔄②草，其叶胥成了，其华黄，其实如菟丘④，服之媚于人⑤。

**注释**

①姑媱(yáo)之山,吕调阳校作"姑媱之山",《五藏山经传》卷五:"山盖在葛蔓水入洛之南。媱,徒歌也。"②蘨,音yào。③胥,相互;成,重叠。④菟丘,即菟丝。⑤"服之"句,郭璞曰:"为人所爱也。"

**译文**

再往东二百里,叫姑媱山。天帝的女儿死在这里,名字叫女尸,化作蘨草,叶子是重叠的,花是黄色的,果实像菟丝,吃了可以使人妩媚动人。

又东二十里,曰苦山,有兽焉,名曰山膏,其状如逐①,赤若丹火,善詈②。其上有木焉,名曰黄棘,黄华而员叶,其实如兰,服之不字③。有草焉,员叶而无茎,赤华而不实,名曰无条,服之不瘿。

**注释**

①逐,"豚"字的误写。②詈,骂,责骂。③字,怀孕,生育。

**译文**

再往东二十里是苦山,山中有一种名叫山膏的野兽,它长得像小猪,身上红似丹火,喜欢骂人。山上有一种叫黄棘的树木,开黄色的花,圆圆的叶子,果实像兰草的果,女人吃了它就无法生孩子。山中还有一种叫无条的草,圆圆的叶,没有茎,开红花但不结果,人吃了它脖子上不生瘤子。

又东五十二里,曰放皋之山。明水出焉,南流注于伊水,其中多苍玉。有木焉,其叶如槐,黄华而不实,其名曰蒙木,服之不惑。有兽焉,其状如蜂,枝尾而反舌,善呼,其名曰文文。

**译文**

再朝东五十二里便是放皋山。明水发源于此,流入南边的伊水,水中有很多苍玉。山中有一种名叫蒙木的树木,它的叶子像槐树的叶,开黄色的花但不结果,吃了他人不会糊涂。山中有一种名叫文文的野兽,它长得像蜂,尾巴分叉、舌头倒转,喜欢呼叫。

又东五十七里,曰大𦧕之山①,多琦珷之玉,多麋玉。有草焉,其状叶如榆,方茎而苍伤②,其名曰牛伤,其根苍文,服者不厥③,可以御兵。其阳狂水④出焉,西南流注于伊水,其中多三足龟,食者无大疾,可以已肿。

①大苦(kǔ)之山,《五藏山经传》卷五:"苦同非,鸟将飞竦其翼也,从古,有所疑也。山为颖、狂二水所出,东西背流象之。"②伤,刺。③厥,郭璞曰:"逆气病。"④狂水,《五藏山经传》卷五:"狂水西南流折西北,合来需四水西北注伊,从北视之象猘犬直项弭尾之状,故名。"

**译文**

再往东五十七里,叫大苦山,山上多产琈玕玉和麋玉。有一种草,叶子像榆树叶,茎是方的,有青黑色的刺,名字叫牛伤,它的根有青黑色的纹理,吃了可以预防逆气,可以抵御兵灾。狂水在它的南面发源,向西南流入伊水,水中有许多三足龟,吃了它可以不生大病,可以消除肿痛。

又东七十里,曰半石之山。其上有草焉,生而秀①,其高丈余,赤叶赤华,华而不实,其名曰嘉荣,服之者不霆②。来需之水出于其阳,而西流注于伊水,其中多䱻鱼,黑文,其状如鮒,食者不睡。合水出于其阴,而北流注于洛,多腾鱼,状如鳜③,居逮④,苍文赤尾,食者不痈,可以为瘘⑤。

①秀,开花。②霆,霹雳。③鳜,鳜鱼,嘴和眼睛较大,鳞较细碎,身有彩色的斑纹。④逮,水中有洞穴潜通的地方。⑤瘘,一种病,指痔瘘。

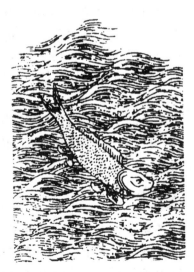

䱻鱼

**译文**

再朝东七十里是半石山。山上有一种草名叫嘉荣,一出土就抽穗开花,有一丈多高,长着红叶、红花,只开花不结果,吃了它不怕打雷。来需水发源于山南面,向西流入伊水,水中有大量的䱻鱼,满身黑斑,像鮒鱼,吃了它的肉精神百倍，不会感到瞌睡。合水从此山北坡流出，向北流入洛水，水中多产腾鱼，腾鱼形状像鳜鱼，有洞穴潜通的地方就是它的住所，有青色的斑纹，尾巴是红色的，吃了它不得痈肿病，还可以治疗痔瘘。

又东五十里，曰少室之山，百草木成囷①。其上有木焉，其名曰帝休，叶状如杨，其枝五衢②，黄华黑实，服者不怒。其上多玉，其下多铁。休水出焉，而北流注于洛，其中多䲁鱼，状如盩蜼③而长距，足白而对，食者无蛊疾，可以御兵。

①囷，圆的仓库。②衢，大路。③盩蜼，一种类似猕猴的野兽。

䲁鱼

**译文**

再向东五十里的地方叫少室山，许多草木聚成圆形的仓库的样子。山上有一种叫帝休的树木，叶子像杨树叶，树枝分为五叉，开黄花，结黑果，吃了它的果实人就会心平气和，不轻易动怒。山上有很多玉石，山下有丰富的铁。休水从这里流出，流入北边的洛水，水中䲁鱼众多，形似猕猴，有长长的白足爪，足趾相对着，吃了这种鱼可预防痴呆病，还可以防御兵灾。

又东三十里，曰泰室之山①。其上有木焉，叶状如梨而赤理，其名曰栯②木，服者不妒。有草焉，其状如荗③，白华黑实，泽如蘡薁④，其名曰䔄草，服之不昧。上多美石。

**注释**

①泰室之山，郭璞曰："即中岳嵩高山也，今在阳城县西。"《五藏山经传》卷五："在登封县北，中岳嵩山也。"②栯，音yǒu。③荗，郭璞曰："荗似蓟也。"④蘡薁(yīng yù)，郭璞曰："言子滑泽。"汪绂曰："蘡薁蔓生，细叶，实如小葡萄，或以为樱桃，或以为葡萄，皆误。"郝懿行曰："盖即今之山葡萄。"

再往东三十里，叫泰室山。山上有一种树，叶子像梨树叶，有红色的纹理，名字叫栯木，佩戴它不会妒忌。有一种草，形状像荗，白色的花，黑色的果实，果实泽滑，很像虆莫，名叫蓇草，吃了可以不做噩梦。山上有许多美石。

又北三十里，曰婴梁之山①，上多苍玉，锌于玄石。

①婴梁之山，《五藏山经传》卷五："在黑石渡东。"

再往北三十里有座婴梁山，山上遍布苍玉，它们都依附黑石而生。

又东南十里，曰太山①。有草焉，名曰梨，其叶状如荻而赤华，可以已疽。太水出于其阳，而东南流注于役水；承水②出于其阴，而东北流注于役。

①太山，《五藏山经传》卷五："太山一名华山，《传》曰'后河前华'也。"②承水，吕调阳校作"召水"，《五藏山经传》卷五："太水召水一源两分，出华城南冈，南流为太，即溱水，西南会黄水河，又东南合洧而东南注于役。役水出中牟县西南，东北合侵而南注也。北流为召。召，古危字，即七虎涧水，与清池水并东北流注侵，象乘危欲颠之形。"

再往东南十里，叫太山。有一种草，名叫梨，叶子像荻，开红色的花，可以治疗毒疮。太水在它的南面发源，向东南流入役水；承水在它的北面发源，向东北流入役水。

又东二十里，曰末山①，上多赤金。末水出焉，北流注于役。

①末山，吕调阳校作"不山"，《五藏山经传》卷五："不，古'杯'字。不水即不家沟，水东北流而北分为二，一西北会黄雀沟注荥泽，一东北入圃田泽，似不形。"

再往东二十里是末山，山上到处都是赤金。末水从这里流出，向北流入役水。

又东三十里，曰大騩之山①，其阴多铁、美玉、青垩。有草焉，其状如蓍而毛，青华而白实，其名曰蒗②，服之不夭，可以为腹病。

①大騩之山，《五藏山经传》卷五："今中牟南二十里之土山也。役水东接制梧，象马人立。"②蒗，音 hěn。

再往东三十里的地方是大騩山，山的南面到处分布着铁矿、美玉、青垩。山上有一种草，形状和蓍差不多，但有毛，花朵是青色的，果实是白色的，它的名字叫蒗，人们吃了它可以延年益寿，可以用来治疗腹部疾病。

凡苦山之首，自休与之山至于大騩之山，凡十有九山，千一百八十四里。其十六神者，皆豕身而人面。其祠：毛牷用一羊羞①，婴用一藻玉②瘗。苦山、少室、太室皆冢也，其祠之：太牢之具，婴以吉玉。其神状皆人面而三首，其余属皆豕身人面也。

**注释**

①羞，进献。②藻玉，郭璞曰："藻玉，玉有五彩者也。或曰，所以盛玉藻藉也。"郝懿行曰："藻玉已见《西次二经》泰冒山。此'藻'疑当与'璪'同，《说文》云：'璪，玉饰如水藻之文也。'"藻藉，祭祀用的彩色玉垫。

**豕身而人面神**

**译文**

总计苦山山系的首尾，从休与山到大騩山，一共十九座，蜿蜒一千一百八十四里。其中有十六座山的山神都是猪的身体，人的面孔。祭祀他们的礼仪是：毛物用一只羊进献，婴用一块藻玉，埋在地下。苦山、少室、太室的山神都是其他山神的君主，祭祀的礼仪为：用太牢之具，婴用一块吉玉。这些山神都长着人的面孔，但有三个头，其他的都是猪的身体，人的面孔。

精华赏析

　　《中次七经》以神话故事开头，用简单明了的语言介绍了中央第七列群山的风貌。写文章时用故事开头能够引起读者的阅读兴趣，值得我们借鉴。

　　文章采用了比喻的修辞手法，使语言生动，让陌生的事物具体化，比如用鹌鹑蛋形容帝台棋的形状，让读者轻松地掌握它的特征。

　　文章还介绍了几种有神奇特效的草药，比如天帝女儿化成的茗草，吃了可以让人妩媚动人；吃了蒙木树的花可以不变糊涂；吃了牛伤的根可以抵御外敌；吃了帝休的果实会不生气等，这些看上去很荒诞，却表现了人们对美好事物的向往和追求。

# 中次八经

中次八经荆山之首,曰景山,其上多金、玉,其木多杼①、檀。雎水出焉,东南流注于江,其中多丹粟,多文鱼。

文鱼

①杼,即柞树。

中部第八列山系荆山山系的第一座山是景山,山上盛产金子和玉石,山上有很多柞树和檀木。雎水从这里流出,向东南注入江水。水中有很多丹粟,还有很多有花纹的鱼类。

东北百里,曰荆山,其阴多铁,其阳多赤金,其中多犛①牛,多豹、虎,其木多松、柏,其草多竹,多橘、櫾②。漳水出焉,而东南流注于雎,其中多黄金,多鲛鱼③,其兽多闾麈。

①犛,牦牛的一种。②櫾,即柚子。③鲛鱼,即鲨鱼。

往东北一百里是荆山,山的北坡有丰富的铁,山的南坡有大量的赤金。山中还盛产犛牛,以及豹子和老虎;山中的树木松柏居多,草类竹子居多,还生有许多橘子和柚子。漳水从此流出,向东南流入雎水,水中多产黄金和鲨鱼,山中野兽以山驴和麋鹿为主。

又东北百五十里,曰骄山①,其上多玉,其下多青雘,其木多松、柏,多桃枝、钩端。神鼍②围处之,其状如人面,羊角虎爪,恒游于雎漳之渊,出入有光。

**注释**

①骄山，《五藏山经传》卷五："女几东北也。大洪山水状马揭尾，故名。山即古蒲骚地，其水名涢水也。"②鼍，音 tuó。

**译文**

再往东北一百五十里是骄山，山上遍布玉石，山下到处都是青雘，山上的树木以松树、柏树、桃枝、钩端居多。天神鼍围待在这里，他长着和人一样的面孔，但有羊角、虎爪，一直都在雎漳渊里游走，进出的时候会闪闪发亮。

又东北百二十里，曰女几之山①，其上多玉，其下多黄金，其兽多豹、虎，多闾、麋、麝、麂②，其鸟多白鷮③，多翟，多鸩④。

 **注释**

①女几之山，《五藏山经传》卷五："京山水象女，天门诸水在其西南，象几。山为阳水河所出也。"②麂，又写作"麠"。《本草纲目》卷五十一："麂居大山中，似麠而小。"即指鹿科动物小鹿。③鷮(jiāo)，郭璞曰："鷮似雉而长尾，走且鸣。"④鸩，郭璞曰："鸩大如鵰，紫绿色，长颈赤喙，食蝮蛇头。雄名运日，雌名阴谐也。"据说此鸟有剧毒，用它的羽毛浸的酒是著名的毒药。

鸩

**译文**

再往东北一百二十里，叫女几山，山上多产玉，山下盛产黄金，兽类多豹、虎，又多闾、麋、麝、麂。鸟类多白鷮，又多翟、多鸩。

又东北三百五十里，曰纶山①，其木多梓柟，多桃枝，多柤②、栗、橘、櫾，其兽多闾、麈③、麢、臭④。

注释

①纶山,《五藏山经传》卷五:"景山西北也。纶山象水为名,在远安县北,即先儒所误指为漳水出荆山者。其水南流,右合四源,先儒谓之沮水,又南东注于江,象纶绳上分之形,其东夹约河两源象两指拑缕之形,蛮河在北,象纶之形也。"②柤,郭璞曰:"柤似梨而酢濇。"即蔷薇科植物山楂。③麈(zhǔ),即麋鹿,俗名四不象。④㚟(chuò),郭璞曰:"㚟似菟而鹿脚,青色。"

译文

再往东北三百五十里,叫纶山,树木多梓树和枏树,有许多桃枝,又有许多柤、栗、橘、柚,兽类多闾、麈、麑、㚟。

又东二百里,曰陆郤之山①,其上多㻬琈之玉,其下多垩,其木多杻、橿。

注释

①陆郤(guǐ)之山,《五藏山经传》卷五:"山在保康县西南八十里,曰马桥口,左右四水环抱,象鹔鹴张翼振振也。"

译文

再往东二百里的地方是陆郤山,山上有很多㻬琈玉,山下则有大量垩,山上的树木以杻树和橿树为主。

又东百三十里,曰光山,其上多碧,其下多木①。神计蒙处之,其状人身而龙首,恒游于漳渊,出入必有飘风②暴雨。

注释

①木,一说为"水"之误。②飘风,指暴风、旋风。

译文

再朝东一百三十里的地方称光山,山上有很多碧玉,山下水流纵横。这是神仙计蒙居住的地方,计蒙长着人身、龙头,常游走于漳水深潭之中,出入时常伴随着暴风雨。

又东百五十里,曰岐山①,其阳多赤金,其阴多白珉②,其上多金、玉,其下多青雘，其木多樗。神涉𪓰处之，其状人身而方面三足。

注释

①岐山，《五藏山经传》卷五：“女几东北也。山在崎山司西北，今有岐山团也。” ②珉，郭璞曰：“石似玉者。”《石雅·辨疑》：“珉即玟矣，玟或作‘珉’，见《集韵》，从石从文，析言之，即文石也。”“《山海经·中山经》岷山：其下多白珉。考之地理，岷山山脉南尽峨眉诸峰……《本草纲目》谓蜀中汶山彭县有花乳石，《四川通志》谓汶山县出白玉石，皆即大理石也。则岷山白珉非其物欤？”

译文

再往东一百五十里，叫岐山，山的南面盛产赤金，北面多产白珉，山上多产金、玉，山下多产青雘，树木多樗树。名叫涉𪓰的神在这里，他长有人的身体，面孔是方的，有三只脚。

又东百三十里，曰铜山[①]，其上多金、银、铁，其木多榖、柞、柤、栗、橘、櫾，其兽多豹。

注释

①铜山，《五藏山经传》卷五：“在随州北，今名打铁沟。”《石雅·色金》：“山以铜名，固宜多铜，乃云多金银铁而不及铜，明铜之义所包者广也。”意谓《山海经》中所指的金属名称未必都是指后来的纯金属，当有各种合金。

译文

再往东一百三十里，叫铜山，山上多产金、银、铁，树木多榖、柞、柤、栗、橘、櫾，兽类多豹。

又东北一百里，曰美山，其兽多兕、牛，多闾麈，多豕鹿。其上多金，其下多青雘。

译文

再朝东北一百里的地方叫美山，山中的野兽以兕和野牛为主，还有很多山驴和麈，野猪和鹿也很多。山上有很多金子，山下有很多青雘。

又东北百里，曰大尧之山①，其木多松、柏，多梓、桑，多机，其草多竹，其兽多豹、虎、麢、臭。

①大尧之山，《五藏山经传》卷五："应山县北黄土关也。马坪港在南，象刖者之足也。"

再往东北一百里，叫大尧山，树木多松、柏，又有许多梓、桑，还有许多机，草多竹子，兽类多豹、虎、麢、臭。

又东北三百里，曰灵山①，其上多金玉，其下多青腹，其木多桃、李、梅、杏。

**注释**

①灵山，《五藏山经传》卷五："纶山西北均州之博山也。山东三十余里曰太和山，有根梅树，根木梅实，杏形桃核，味甚甘美。"

**译文**

再往东北三百里，叫灵山，山上多产金、玉，山下多产青腹，树木多桃、李、梅、杏。

又东北七十里，曰龙山①，上多寓木，其上多碧②，其下多赤锡③，其草多桃枝、钩端。

**注释**

①龙山，《五藏山经传》卷五："山在信阳州西申水之隈，今有黄龙寺。"②寓木，郭璞曰："寄生也，一名宛童。"即指桑寄生科植物。③赤锡，《石雅·色金》："锡之色未有赤者，则赤锡非锡明矣。经言龙山上多碧，碧即石青，方书一称扁青，今通称蓝铜矿，每产有铜处，则赤锡当为铜类无疑。铜色赤，故经亦言赤锡耳。夫古称五金，其名犹是，而其义已漓；况铜与锡在昔并相为用……并用并生，其名自易相乱；以铜名锡，又别以色，岂偶然乎！"

再往东北七十里，叫龙山，山上有许多寓木，又多产碧，山下多产赤锡，草多桃枝、钩端。

又东南五十里，曰衡山①，上多寓木、穀、柞，多黄垩、白垩。

①衡山，《五藏山经传》卷五："信阳州南天平山，在倚带之北。"

再往东南五十里，叫衡山，山上有许多寓木、穀、柞，又多产黄垩、白垩。

又东北百五十里，曰仁举之山①，其木多穀、柞，其阳多赤金，其阴多赭。

①仁举之山，《五藏山经传》卷五："女几东北也。仁举与讙举同义。山在今应城西北崎山司也。"

再往东北一百五十里是仁举山，山上的树木大多数都是穀树和柞树，山的南面到处都是赤金，山的北面遍布赭。

凡荆山之首，自景山至琴鼓之山，凡二十三山，二千八百九十里。其神状皆鸟身而人面。其祠：用一雄鸡祈瘗，用一藻圭，糈用稌。骄山，冢①也，其祠：用羞酒少牢祈瘗，婴毛一璧。

①冢，冢君，列国君主的敬称。

总计荆山山系的首尾，从景山起，止于琴鼓山，一共二十三座，二千八百九十里。这些山神都是鸟的身体，人的面孔。祭祀他们的礼仪是：把一只雄鸡埋到土里祈祷，用一块藻圭，精米用粳稻。骄山是众山神的君主，祭祀他的礼仪应该是：用进献的酒和少牢祈祷，然后将祭祀物埋入土中，婴用毛物和一块璧。

精华赏析

　　《中次八经》所描写的山中，每一个座都是奇山。有的山上遍布金银玉石，有的生活着怪异的飞禽走兽，有的长满珍贵的树木，有的甚至还住着远古天神，这些都为文章增添了浓郁的神话色彩。既符合当时人们的思维方式，又大大满足读者的好奇心。

　　文章天马行空的想象力，体现出古人的创造力和想象力，表达出人们对美好生活的向往。人们祭祀天神的行为看似愚蠢，却正好反映出当时的文明程度，表现出古人的求知欲和勇于探索的精神。

# 中次九经

中次九经岷山之首,曰女几之山①,其上多石涅,其木多杻、橿,其草多菊、茉。洛水②出焉,东注于江,其中多雄黄,其兽多虎、豹。

①女几之山,《五藏山经传》卷五:"女几在荣经县西五十里,青衣南河所出,两源东流折东北,受数水至雅州府治之西与北河会,又经府北折东南,受数小水入大渡河注江,大形象若木猗那,古曰渚水。又像女子侧倚,此山当其手后,故曰女几也。"②洛水,吕调阳校作渚水,说见上。

**译文**

中央第九列山系岷山山系的第一座山叫女几山,山上遍布石涅,山上的树木以杻木和橿木居多,山上的草大多数都是菊和茉。洛水从这里流出,向东流入江水,水中有大量雄黄,野兽有很多虎和豹。

又东北一百四十里,曰崃山①,江水出焉,东流注大江②。其阳多黄金,其阴多麋麈,其木多檀、柘,其草多薤韭,多药、空夺③。

①崃山,《五藏山经传》卷五:"布濮水出伏牛山北,东南流与南水会,皆两源,又东迳邛州南,左合二水,右合一水,象麦秀形,故山名崃。山有九折坂,故又曰印。"②"东流"句,《五藏山经传》卷五:"其水东注大江为南江也。"③空夺,汪绂曰:"空夺即寇脱也。"

**译文**

再往东北一百四十里,叫崃山,江水在这里发源,向东流入大江。山的南面多产黄金,北面有许多麋、麈。树木多檀、柘,草多薤、韭,又有许多药和空夺。

又东一百五十里,曰崌山①,江水出焉,东流注于大江,其中多怪蛇,多鳌②鱼,其木多楢③、杻,多梅、梓,其兽多夔、麢、犀、兕。有鸟焉,状如鸮而赤身白首,其名曰窃脂④,可以御火。

怪蛇、窃脂

 注释

①崌,音 jū。崌山,《五藏山经传》卷五:"今彭县北九十里曰五峰山,脉自茂州南来,五峰拔起,高入云天,即此经之崌山、《禹贡》之蒙山、《海内东经》之曼山也。西接仰天山,有黑龙池在山巅,西出曰龙溪,西北迳旧威州之过街楼注大江,东出即北江源,循山东南流迳雒甬山之西,折而西南合两大水,又西南并两鱼洞之水,折而东而南,出山分三派,一东北流,折东南会雒水,又会縣水;其西二枝并东南流,东会縣水、沱水,南至江阳入江,名北江水,亦曰汜水,《汉》志谓之湔水,又曰湔溲水,象人踞坐,故曰崌山;亦象暴注揭其臀,故曰溲;从西视之又象孕妇彭腹之状,故东岸山曰彭山,水曰汜水。"②鳌,音 zhì。③楢(yǒu),郭璞曰:"楢,刚木也,中车材。"即壳斗科植物槲树。④窃脂,《尔雅》有鸟名此,即《诗经》中的桑扈,雀科动物,俗称腊嘴,与此处描述不同。

译文

再往东一百五十里,叫崌山,江水在这里发源,向东流入大江,水中有许多怪蛇和鳌鱼。树木多楢、杻,又有许多梅、梓,兽类多夔、麢、犀、兕。有一种鸟,形状像鸮,红色的身体,白色的头,名叫窃脂,可以防火。

又东三百里,曰高梁之山①,其上多垩,其下多砥砺,其木多桃枝、钩端。

有草焉，状如葵而赤华，荚实白柎，可以走马。

 注释

①高梁之山，《五藏山经传》卷五："梁州名取此山。有大穴似梁，俗呼龙洞，背潜水出宁羌州西黄霸驿，西南流来贯之而出，西至朝天镇注嘉陵江，江自此以下总名潜水也。"

 译文

再往东三百里，叫高梁山，山上多产垩，山下多产砥砺，树木多桃枝、钩端。有一种草，形状像葵，开红色的花，有豆荚一样的果实和白色的花萼，用来喂马可以使马跑得更快。

又东四百里，曰蛇山，其上多黄金，其下多垩，其木多枸，多豫章，其草多嘉荣、少辛。有兽焉，其状如狐，而白尾长耳，名䗤狼，见则国内有兵。

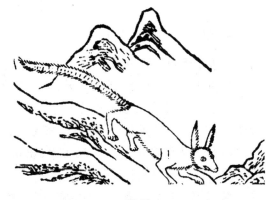

狼

 译文

再往东四百里的地方是蛇山，山上遍布黄金，山下盛产垩土，山上树木以枸树和豫章树为多，山上的草以嘉荣和少辛为多。山中有一种野兽，它的名字叫䗤狼，外形像狐狸，长着白色的尾巴、长耳朵，它出现的时候，国内就会发生战乱。

又东北三百里，曰隅阳之山①，其上多金玉，其下多青雘，其木多梓桑，其草多茈。徐之水②出焉，东流注于江，其中多丹粟。

 注释

①隅阳之山，《五藏山经传》卷五："简州之龙泉山即隅阳山。"②徐之水，《五藏山经传》卷五："徐当作余，余水，赤水河也，东流合西北一水迳州北入

北江,山北则龙泉水北流会沱水入北江,又东南而南与赤水会,四流象嶲余之形,亦象臬羊首也。"

再往东北三百里,叫隔阳山,山上多产金、玉,山下多产青雘,树木多梓、桑,草多茈。徐水在这里发源,向东流入江,水中多产丹粟。

又东二百五十里,曰岐山①,其上多白金,其下多铁,其木多梅、梓,多杻、楢。减水②出焉,东南流注于江。

①岐山,《五藏山经传》卷五:"蓬溪县西北高凤山也。"②减水,《五藏山经传》卷五:"其水名马桑溪,东流南入涪水注江水,北有文井场,是多盐井,故为减水。减亦'鹹'字也。"

再往东二百五十里,叫岐山,山上多白金,山下多产铁,树木多梅和梓,又多杻、楢。减水在这里发源,向东南流入江。

又东北二百里,曰玉山,其阳多铜,其阴多赤金,其木多豫章、楢、杻,其兽多豕、鹿、麢、臾,其鸟多鸩。

熊山神

再往东北二百里就是玉山,山的南坡盛产铜矿,山的北坡遍布赤金,山上的树木以豫章树、楢树杻树为多,山中的野兽大多是野猪、鹿、羚羊和臾,山中的鸟以鸩鸟为多。

又东一百五十里,曰熊山①。有穴焉,熊之穴,恒出神人。夏启而冬闭;是穴也,冬启乃必有兵。其上多白玉,其下多白金,其木多樗、柳,其草多寇脱。

①熊山,《五藏山经传》卷五:"山在荣县北,威远县西,荣县河及威远河

并象熊经自投也。"

再往东一百五十里，叫熊山。山上有洞穴，是熊洞，常常出现神人。这个洞夏天开启，冬天关闭；冬天开启则必定会发生战争。山上多产白玉，山下多产白金，树木多楢、柳，草多寇脱。

又东二百里曰葛山<sup>①</sup>，其上多赤金，其下多瑊<sup>②</sup>石，其木多柤、栗、橘、櫾、楢、杻，其兽多䍶、羬，其草多嘉荣。

**注释**

①葛山，《五藏山经传》卷五："壁山城东分水岭也，其水屈曲如葛。"②瑊，音 jiān。

再往东二百里是葛山，山上有许多赤金，山下则到处可见瑊石，山上的树木大多数是柤、栗、橘、櫾、楢、杻，野兽则以䍶和羬居多，山上有大量叫嘉荣的草。

又东一百七十里，曰贾超之山<sup>①</sup>，其阳多黄垩，其阴多美赭，其木多柤、栗、橘、櫾，其中多龙脩<sup>②</sup>。

**注释**

①贾超之山，《五藏山经传》卷五："山在綦江县治，为清溪、松坎河会处。贾，估也。贾超，审所逾也，两水形似之。"指水形象商人看秤，其说颇迂曲。②龙脩，郭璞曰："龙须也，似莞而细，生山石穴中，茎倒垂，可以为席。"

再往东一百七十里有座贾超山，山的南坡但到处都是黄垩，北面有大量美赭，山上的树木大多数是柤、栗、橘、櫾，其中也有许多的龙脩。

凡岷山之首，自女几山至于贾超之山，凡十六山，三千五百里。其神状皆马身而龙首。其祠：毛用一雄鸡瘗，糈用稌。文山<sup>①</sup>、勾檷、风雨、騩之山，是皆冢也，其祠之：羞酒，少牢具，婴毛一吉玉。熊山，席也，其祠：羞酒，太牢具，婴毛一璧。干儛,用兵以禳;祈璆②,冕③舞。

注释

①文山,郝懿行曰:"此上无文山,盖即岷山也。"②璆,音 qiú,美玉。③冕,礼帽。汪绂曰:"求福祥则祭用璆玉,而舞者用冕服以舞也。"

译文

总计岷山山系的首尾,从女几山到贾超山,一共十六座,三千五百里。这些山的山神都长着马的身体,龙的头。祭祀他们应该用:毛物用一只雄鸡埋于土下,精米用粳稻。文山、勾檷、风雨、騩山都是其他山神的君主,祭祀他们应该用:进献的酒、少牢,婴用毛物和一块吉玉。熊山是神中的帝王,祭祀他应该用:进献的酒、太牢,婴用毛物和一块璧。祭祀还需要干儛,用兵器禳祭;祈祷用璆,跳舞的人要戴上礼帽。

《中次九经》写了中央第九列群山的光景,这些山不仅奇,而且物产丰盛,表现出了我国辽阔的疆域和丰富的资源。

在阅读文章的时候,仿佛跟着作者的脚步翻过一座又一座山,被一场又一场的奇异景象深深吸引。尤其是那些长相奇异的野兽和天神,让人不得不被古人的创造力和想象力所折服。

文章末尾处描写了山神龙头马身的外形,突出了山神强壮、威武的特点,从侧面交代人们对山神的敬畏。祭祀山神表现出当时的社会风貌和民俗风情,满足人们对上古人类的好奇心。

# 中次十经

《中次十经》之首，曰首阳之山<sup>①</sup>，其上多金玉，无草木。

①首阳之山，《五藏山经传》卷五："平凉府西北之六盘山上有牛营堡，其西北曰张义堡，实惟陇山之首。其阳则六盘道也。昔夷齐采薇于此，所谓'登彼西山'者矣。"

中央第十列山系的第一座山叫首阳山，山上有很多金和玉，不生长草木。

又西五十里，曰虎尾之山<sup>①</sup>，其木多椒、栎，多封石<sup>②</sup>，其阳多赤金，其阴多铁。

①虎尾之山，《五藏山经传》卷五："即《西次三经》中曲之山也。东与大山相连，响水河出而两流，环山之南，象虎尾也。"②封石，郝懿行曰："《本草别录》云：'封石味甘，无毒，生常山及少室。'下文游戏之山、婴侯之山、丰山、服山、声匈之山并多此石。"《石雅·色金》："《中山经》云虎尾之山多封石，其阳多赤金，其阴多铁。赤金昔训铜，铁与铜每同处，则封石亦当与铜为近，疑即铜其质而石其形者。物以类聚，理宜然也。"

再往西五十里，叫虎尾山，树木多椒、栎，多产封石，山的南面多产赤金，北面多产铁。

又西南五十里，曰繁缋之山<sup>①</sup>，其木多楢、杻，其草多枝、勾<sup>②</sup>。

①繁缋(huì)之山，缋，有绘画义，旧时常与"绘"混用。清顾祖禹《读史方舆纪要》卷五十九会宁县："东南五里有桃花山，土石皆赤如桃花。又城南十里有白土峰，又南十里有青土峰。《物产志》：县产五色土，可资藻缋。"②枝、勾，汪绂曰："盖桃枝、勾端也。"

再往西南五十里的地方是繁缋山，山上的树木以楮和柤为主。草类有许多的桃枝和勾端。

又西南二十里，曰勇石之山①，无草木，多白金，多水。

①勇石之山，《五藏山经传》卷五："用兵踊跃曰勇。勇石，趋而蹶石踅踊欲仆也。显圣湫水西流折西北象足蹶形也。"

再往西南二十里的地方是勇石山，山上没有花草树木，但到处都是白金，也有许多水流。

又西二十里，曰复州之山①，其木多檀，其阳多黄金。有鸟焉，其状如鸮，而一足彘尾，其名曰跂踵，见则其国大疫。

①复州之山，《五藏山经传》卷五："旋车曰复，马窍曰州。南玉河与湫水俱两北流，从西视之象马旋蹲其后足，而尿岔河出于其后，象州，故曰复，言方复方粪也。"

跂踵

再往西二十里，叫复州山，树木多檀，山的南面多产黄金。有一种鸟，形状像鸮，一只脚，有猪尾，名叫跂踵，它的出现预示着该国会发生大瘟疫。

又西三十里，曰楮山，多寓木，多椒、椐，多柘，多垩。

**译文**

再往西三十里的地方是楮山，山上有茂密的寓木，也生长着大量的椒、椐和柘，山上盛产垩。

又西二十里，曰又原之山[1]，其阳多青雘，其阴多铁，其鸟多上鸜鹆[2]。

鸜鹆

**注释**

[1]又原之山，《五藏山经传》卷五："又山之北原也。通渭县有又江水，俗呼为悠江水，导自北山，南流入渭，三源象右手形，故山得名，亦犹闻喜有左水，曰左邑也。此原实山之北麓尽处矣。"[2]鸜鹆(qúyù)，又写作鸲鹆，即椋鸟科动物八哥。

**译文**

再往西二十里是座又原山，山的南面遍布青雘，北面有很多铁矿，鸟类大多数是鸜鹆。

又西五十里，曰涿山[1]，其木多榖、柞、杻，其阳多㻬琈之玉。

**注释**

[1]涿山，吕调阳校作"汤山"，《五藏山经传》卷五："今温泉山，在安定县东南。"

**译文**

再往西走五十里是涿山，山上的树木以榖、柞和杻居多，山的南面分布着㻬琈玉。

又西七十里,曰丙山①,其木多梓、檀,多㯊②杻。

**注释**

①丙山,《五藏山经传》卷五:"今双峪山也。"②㯊(shěn),郝懿行曰:"《方言》云:'㯊,长也,东齐曰㯊。'郭注云:'㯊,古矧字。'然则㯊杻,长杻也。杻为木多曲少直,见陆玑《诗疏》。此杻独长,故著之。俟考。"

**译文**

再往西七十里的地方是丙山,山上有茂密的梓和檀,也生长着大量的㯊杻。

凡首阳山之首,自首山至于丙山,凡九山,二百六十七里。其神状皆龙身而人面。其祠之:毛用一雄鸡瘗,糈用五种之糈①。堵山,冢也,其祠之:少牢具,羞酒祠,婴毛一璧瘗。騩山,帝也,其祠:羞酒,太牢其②;合巫祝③二人儛,婴一璧。

**注释**

①五种之糈,汪绂曰:"黍、稷、稻、粱、麦也。"②其,郝懿行曰:"其当为具字之讹。"③巫祝,事鬼神者为巫,祭主赞词者为祝。

**译文**

总计首阳山山系的首尾,从首山起,到丙山上,一共九座山,二百六十七里。这些山上的山神都是龙的身体,人的面孔。祭祀他们应该用毛物,用一只雄鸡,埋在地下,精米用黍、稷、稻、粱、麦五种。堵山山神是众神的君主,祭祀他应该为:用少牢,进献的美酒祭祀,婴用一块璧埋在地下。騩山是众神的帝王,祭祀他应该用:进献的美酒,太牢,巫祝两个人一起合舞,婴用一块璧。

**龙身而人面神**

精华赏析

　　《中次十经》通过写中央第十列山系的光景，向读者描绘了一幅金光闪闪的群山图，这些山大多布满黄金白银，表现了它物产丰富的特点，从侧面交代我国古代已经对矿产资源有了记载和应用，突出了我国古代文明的先进。

　　文章语言精炼，篇幅短小精悍，却包罗万象。不仅有序地介绍了每座山，还对山上的矿产、植物、水流、异兽和山神等做了生动的描述。

　　纵观整篇文章，看似荒谬，却能够反映出当时社会的发展程度，以及人们的生活风俗习惯。比如人们祭祀山神，祈求山神庇佑的行为，说明当时的文明比较落后。

# 中次十一经

《中次十一经》荆山之首，曰翼望之山①。湍水出焉，东流注于济；贶②水出焉，东南流注于汉，其中多蛟③。其上多松、柏，其下多漆、梓，其阳多赤金，其阴多珉。

①翼望之山，《五藏山经传》卷五："《禹贡》'荆河惟豫州。'荆谓唐邓以南，胎簪以西之山，其首起于熊耳之东内乡县，北之伏牛山，即翼山。翼望，义见前。"②贶，音kuàng。③蛟，郭璞曰："似蛇而四脚，小头细颈，有白瘿，大者十数围，卵如一二石瓮能吞人。"

**译文**

中央第十一列山系荆山山系的第一座山叫翼望山。湍水发源于此，流向东边的济水；贶水发源于此，向东南流入汉水，水中生活着许多蛟。山上生长着茂密的松树和柏树，山下则有大量漆树和梓树生长，山的南面遍布赤金，北面到处都是珉。

又东北一百五十里，曰朝歌之山①。潕水②出焉，东南流注于荥，其中多人鱼。其上多梓、枬，其兽多麖、麋。有草焉，名曰莽草③，可以毒鱼。

**注释**

①朝歌之山，《五藏山经传》卷五："朝歌，义见前七经。"②潕(wǔ)水，《五藏山经传》卷五："潕即汝水，先儒谓之滍水，今名沙河也。"③莽草，汪绂曰："即芒草也。"

再往东北一百五十里，叫朝歌山。潕水在这里发源，向东南流入荥水，水中有许多人鱼。山上有许多梓、枬，兽类多麖、麋。有一种草，名叫莽草，可以用来毒鱼。

又东南二百里，曰帝囷之山①，其阳多琈珸之玉，其阴多铁。帝囷之水出于其上，潜于其下，多鸣蛇。

①帝囷之山，《五藏山经传》卷五："山在诸暨县东。帝囷义见《北次三经》，其水高湖水也，北与泌湖相属，溢于双桥溪水，西注浦阳江。"

**译文**

再往东南二百里，叫帝囷山，山的南面多产琈珸玉，北面多产铁。帝囷水在山上发源，在它下面流淌，水中有许多鸣蛇。

又东南五十里，曰视山①，其上多韭。有井焉，名曰天井，夏有水，冬竭。其上多桑，多美垩、金、玉。

①视山，《五藏山经传》卷五："即浮玉山，今天目山也，东西二峰峰顶各有一池如目。"

**译文**

再往东南五十里，叫视山，山上有许多韭。有一口井，名叫天井，夏天有水，冬天枯竭。山上有许多桑，又多产美垩、金、玉。

又东南二百里，曰前山①，其木多楮②，多柏，其阳多金，其阴多赭。

①前山，《五藏山经传》卷五："高前东南也。今为鸡子河所出，在南召县东北，其水下合白河分为二，亦象前形。"②楮(zhū)，郭璞曰："似柞子，可食，冬夏生(青)，作屋柱难腐。"

**译文**

再向东南二百里的地方是前山，山上生长着许多楮和柏，山的南面盛产金，北面则遍布赭。

又东六十里,曰瑶碧之山,其木多梓枏,其阴多青雘,其阳多白金。有鸟焉,其状如雉,恒食蜚①,名曰鸩②。

鸩

①蜚,一种臭虫。②鸩,鸟名,与上文中能吃蛇的鸩不同。

译文

再往东六十里是瑶碧山,山上树木以梓树和枏木为多,山的北坡青雘遍地,山的南坡遍布白金。山中有一种鸟叫鸩,它的外形像野鸡,常吃蜚虫。

又东四十里,曰支①离之山。济水②出焉,南流注于汉。有鸟焉,其名曰婴勺,其状如鹊,赤目、赤喙、白身,其尾若勺,其鸣自呼。多牸牛,多羬羊。

注释

①支,一说"攻"。②济水,一说是"淯水"之误。

译文

再向东四十里是支离山,济水从此山流出,流入南边的汉水。山中有一种名叫婴勺的鸟,形状像喜鹊,红眼睛、红喙、白色的身子,它的尾巴似一把勺子,它的叫声就是自己的名字。山中有很多牸牛和羬羊。

又东北五十里,曰袟簡之山①,其上多松、柏、机、桓②。

注释

①袟(zǐ)簡(diāo)之山,吕调阳校作"袟衡之山",《五藏山经传》卷五:"山在裕州北四十里,汉晋人讹呼为雉衡,于此置雉县。其山或止称衡山,又因下文雉山为澧水所出,即指此山水为澧水,皆缪也。袟,积帛也,一作'衮'。衡,平也。此山东出二水,南水有襞褶处象积帛不伸,北水象尉之使平也。南水即绳水,水形似缝人所用绳囊也。北水盖本名熨水,水形似火斗也。"②机、桓,郭璞曰:"柏,叶似柳,皮黄不措。子似栋,著酒中饮之辟恶气,浣衣去垢,

核坚正黑,可以闻香缨,一名括楼也。"郝懿行曰:"机、柏,《广韵》引此经作'机桓'。《玉篇》云:桓木,叶似柳,皮黄白色。与郭义合。是此经及注并当作'桓',今本作'柏',字形之讹也。且柏已屡见,人所习知,不须更注,注所云云,又非是柏也。郭云'皮黄不措',措当为楮,与戢同,见《玉篇》。'子似拣',当从木旁为楝。陈藏器《本草拾遗》云:'无患子,一名桓。'引《博物志》云:'桓,叶似榉柳叶,核坚,正黑如墼,可作香缨及浣垢。'案所引正与郭注合,或即郭所本也。郭云'闻香缨','闻'字疑讹讹。"则桓为木名,即无患子科植物无患树。

再往东北五十里,叫袟简山,山上有许多松、柏、机、桓。

又东南三十五里,曰即谷之山①,多美玉,多玄豹②,多闾、麈,多麢、臭。其阳多珉,其阴多青雘。

①即谷之山,《五藏山经传》卷五:"山在襄城县西,即湛坂也。湛水东流注湍象即谷也。"②玄豹,郭璞曰:"黑豹也,即今荆州山中出黑虎也。"

再往东南三十五里,叫即谷山,山上多产美玉,有许多玄豹,还有许多闾、麈和麢、臭。山的南面多产珉,北面多产青雘。

又东南三十里,曰游戏之山①,多枏、橿、榖,多玉,多封石。

①游戏之山,《五藏山经传》卷五:"山距潜山县六十余里,在皖水东,水自西来,折而南而东南,北合数水,象水嬉之形也。"

再向东南三十里的地方是游戏山,山上生长着大量枏、橿和榖,山上到处可见玉和封石。

又东南三十五里,曰从山,其上多松柏,其下多竹。从水出于其上,潜于其下,其中多三足鳖,枝尾,食之无蛊疫。

再朝东南三十五里的地方是从山,山上以松树和柏树为主,山下以竹为主。从水从这里流出,潜流到山下,水中有很多三只脚的鳖,它们的尾巴分叉,吃了它就不生蛊病。

三足鳖

又东南三十里,曰婴硬之山<sup>①</sup>,其上多松、柏,其下多梓、櫄<sup>②</sup>。

①婴硬之山,《五藏山经传》卷五:"瑶碧西南珠岭山也。山之西南为珠子关,又南为玉珠畈,临南皖水之上。"②櫄,郝懿行曰:"櫄即'杶'字,见《说文》。"

再往东南三十是婴硬山,山上有大量的松树和柏树,山下则生长着茂密的梓木和櫄木。

又东四十里,曰卑山<sup>①</sup>,其上多桃、李、苴、梓,多纍。

①卑山,《五藏山经传》卷五:"今王家冈,在信阳州西六十余里,有三道河南自大王冲北流迳山东,折西北环曲东北注雉,像人俯躬形。"

再往东四十里的地方是卑山,山上生长着大量的桃、李、苴、梓,还有许多纍。

又东三十里,曰倚帝之山,其上多玉,其下多金。有兽焉,状如鼣鼠,白耳白喙,名曰狙如,见则其国有大兵。

**译文**

再往东三十里就是倚帝山了，山上玉石众多，山下金子遍地。山中有一种野兽，长得像鼣鼠，白耳朵，白嘴巴，名叫狙如，它一出现预示那个国家将会有大的战争。

狙如

又东三十里，曰雅山①。澧水②出焉，东流注于视水，其中多大鱼。其上多美桑，其下多苴，多赤金。

**注释**

①雅山，吕调阳校作"雄山"，《五藏山经传》卷五："山在光山县南新店塘。"②澧水，《五藏山经传》卷五："澧水今名潢河，流至光州东北名曰白露河，一作醴水，言白浊似醴也。其水东北流右合诸小水象雄飞前其爪距之形，故山得名。"

**译文**

再往东三十里，叫雅山。澧水在这里发源，向东流入视水，水中有许多大鱼。山上有许多美桑，山下有许多苴，多产赤金。

又东四十五里，曰衡山①，其上多青膜，多桑，其鸟多鹳鸰。

**注释**

①衡山，《五藏山经传》卷五："今山有天平关，在朱砂岭东。"

**译文**

再往东四十五里，叫衡山，山上多产青膜，多桑，鸟类多是鹳鸰。

又东四十里，曰丰山，其上多封石，其木多桑，多羊桃①，状如桃而方茎，可以为皮张②。

**注释**

①羊桃，郭璞曰："一名鬼桃。"《五藏山经传》卷五："今舒城县西南卢镇关有竹桃园，竹桃华状似桃而叶如竹，其弱茎皆作三廉，俗呼曰夹竹桃，疑即

羊桃也。"②为皮张,郭璞曰:"治皮肿起。"

再往东四十里,叫丰山,山上多产封石,树木多桑树,又有许多羊桃,形状像桃,茎是方的,可以用来治疗皮肤浮肿。

又东三十里,曰鲜山,其木多楢、杻、苴,其草多蘴冬①,其阳多金,其阴多铁。有兽焉,其状如膜大②,赤喙、赤目、白尾,见则其邑有火③,名曰狻即。

①蘴冬,芍药一类的观赏性植物,即现在的赤粱粟。②膜大,一说"大"为"犬"的误写。膜犬,一种体形高大的狗。③火,一说指兵灾。

狻即

再朝东三十里称为鲜山,山上的树以楢树、杻树和苴树为主,山上的草以蘴冬为多,山的南坡盛产金子,山的北部多出铁。山中生活着一种野兽,名字叫狻即,它长得像膜犬,红嘴,红眼睛,白尾巴,它的出现标志着火灾的发生。

又东二十五里,曰大支之山①,其阳多金,其木多榖柞,无草木。

①大支之山,《五藏山经传》卷五:"山在黟县西北,曰西武岭。岭北石埭贵池分水,南则黟县祁门分水也。"

再往东二十五里,叫大支山,山的南面多产金,树木多榖、柞,没有草木。

又东五十里,曰区吴之山①,其木多苴。

①区吴之山，《五藏山经传》卷五："即南次三经区吴。"

**译文**

再往东五十里，叫区吴山，树木多是苴。

又东二百里，曰丑阳之山①，其上多椆、椐。有鸟焉，其状如乌而赤足，名曰𩹆𩾕②，可以御火。

①丑阳之山，《五藏山经传》卷五："双桥溪水即丑水，山在溪之北也。"②𩹆𩾕，音 zhǐ tú。

**译文**

再往东二百里叫丑阳山，山上有许多椆、椐。有一种鸟，形状像乌鸦，脚是红色的，名叫𩹆𩾕，可以防火。

又东三百里，曰奥山①，其上多柏、杻、橿，其阳多㻬琈之玉。奥水出焉，东流注于视水。

**注释**

①奥山，《五藏山经传》卷五："山在商城县南夹河店之南，史河西源所出也。室西南隅曰奥，于文从宀从𥤚，𥤚古'审'字，自宀下视其掌也。山势自雉山东来折而南而东而北，象室形。史河两水四源并东北流象舒掌形而当其西南，故谓之奥也。"

**译文**

再往东三百里，叫奥山，山上多柏、杻、橿，山的南面多产㻬琈玉。奥水在这里发源，向东流入视水。

又东三百五十里，曰凡山，其木多楢、檀、杻，其草多香。有兽焉，其状如彘，黄身、白头、白尾，名曰闻𪎕，见则天下大风。

再往东三百五十里的地方叫凡山，山上的树木以楢树、檀树和杻树为多，山上还有大量的香草。山中有一种名叫闻獜的野兽，它的外形像猪，黄身子，白脑袋，白尾巴，它一出现就会刮大风。

精华赏析

《中次十一经》是对中央第十一列群山的描写，主要写了山上的矿产、水源、动物和植物，这里面的动物都非比寻常，不仅长相奇特可怕，而且还有特异功能，比如生活在水中，形似蛇，长着四只脚的蛟；生活在水中，有三只脚，尾巴分叉的鳖；白嘴白耳，长得像獭鼠的狙如，可以预测战争；红脚，长得像乌鸦的鴢鵌，可以防火……这些都体现出古人丰富的想象力和创造力。

文章按照方位顺序介绍群山，可以让层次分明，也能使文章的内容多而不杂，值得借鉴。

# 中次十二经

《中次十二经》洞庭山之首，曰篇遇之山[1]，无草木，多黄金。

①篇遇之山，郭璞曰："'篇'或作肩"。《五藏山经传》卷五："肩遇即宣余水所经之风洞山，水形似肩，新宁河入其东，亦屈垂如两肩相遇也。"

**译文**

中央第十二列山系洞庭山系的第一座山叫篇遇山，山上不生长草木，但有大量黄金。

又东南五十里，曰云山[1]，无草木。有桂竹，甚毒，伤人必死。其上多黄金，其下多琈瑶之玉。

①云山，《五藏山经传》卷五："忠州东北白云山也。有湇井临湇溪河侧。湇同涻，音甘，盖常出云气，故名。今忠州驿曰云根是也。"《说文》："涻，云雨貌。"

**译文**

再往东南五十里，叫云山，没有草木。有桂竹，毒性很强，伤人必定致死。山上盛产黄金，山下多产琈瑶玉。

又东南一百三十里，曰龟山[1]，其木多穀、柞、椆、椐，其上多黄金，其下多青雄黄，多扶竹[2]。

**注释**

①龟山，《五藏山经传》卷五："山为葫芦溪水所导，名挂子洞，是多蠵龟。"②扶竹，郭璞曰："邛竹也。高节实中，中杖也，名之扶老竹。"

再往东南一百三十里，叫龟山，树木多榖、柞、椆、椐，山上多产黄金，山下多产青雄黄，多扶竹。

又东七十里，曰丙山①，多筀竹②，多黄金、铜、铁，无木。

①丙山，《五藏山经传》卷五："山在施南府利川县西，今名丙字垭，即夷水所出之很山也。"②筀(gui))竹，郝懿行曰："筀亦当为桂，桂阳所生竹，因以为名也。"

再往东七十里，叫丙山，山上到处是筀竹，多产黄金、铜、铁，没有树。

又东南五十里，曰风伯之山①，其上多金、玉，其下多痠②石、文石，多铁，其木多柳、杻、檀、楮。其东有林焉，名曰莽浮之林，多美木、鸟、兽。

①风伯之山，《五藏山经传》卷五："恩施县西南风井山也。穴口大如盆，夏则风出，冬则风入，寒飙骤发，六月中尤不可当。穴与长杨溪源之石穴潜通也。"②痠，音 suān。

再往东南五十里，叫风伯山，山上多产金、玉，山下多产痠石、文石，又多产铁。树木多为柳、杻、檀、楮。东面有一个树林，名叫莽浮之林，林中有许多美木和鸟兽。

又东一百五十里，曰夫夫之山，其上多黄金，其下多青雄黄，其木多桑楮，其草多竹、鸡鼓①。神于儿居之，其状人身而身操两蛇，常游于江渊，出入有光。

①鸡鼓，一种草名，即鸡谷草。

于儿

再朝东一百五十里的地方是夫夫山，山上遍布黄金，山下多产青石和雄黄，山上的树木大多是桑树和楮树，草类以竹和鸡谷草为主。这座山上住着神仙于儿，他长着人的身子，手握两蛇，常常游走于江水的渊潭中，出入时都闪耀着光芒。

又东南一百二十里，曰洞庭之山①，其上多黄金，其下多银、铁，其木多柤、梨、橘、櫾，其草多葌、蘪芜②、芍药、芎藭。帝之二女居之，是常游于江渊③。澧沅之风，交潇湘之渊，是在九江④之间，出入必以飘风暴雨。是多怪神，状如人而载⑤蛇，左右手操蛇。多怪鸟。

## 注释

①洞庭之山，《五藏山经传》卷五："山在永顺桑植县西七十余里，曰上洞，与其东北四十里之下洞并临澧水之上，水象却车就位之形，其北之零水、辰水东西分象屋宇形，故曰洞庭。庭之义谓左右有位也。巴陵陂亦号洞庭，以为洞庭山水所潴，亦如彭蠡之水潴为鄱阳湖，因号湖曰彭泽也。"②蘪芜，郭璞曰："似蛇床而香也。"即蘼芜。③江渊，《五藏山经传》卷五："帝之二女各居一山，常从澧水，或道沅水而游于九江之渊。渊即巴陵陂水，为潇湘北流所迳也。"④九江，《五藏山经传》卷五："湘水大派凡九：曰湘，曰观，曰营，曰耒，曰洣，曰渌，曰涟，曰浏，曰泪，皆湘流所合，谓之九江也。"⑤载，郝懿行曰："载亦戴也，古字通。"

## 译文

再往东南一百二十里，叫洞庭山，山上多产黄金，山下多产银、铁，树木多柤、梨、橘、櫾，草多葌、蘪芜、芍药、芎藭。天帝的两个女儿住在这里，她们常在江渊游荡。澧、沅之间的风，在潇湘之渊交汇，正在九江之间，所以她们出入必定伴随着暴风雨。这里有许多怪神，形状像人，都戴着蛇，也有两手拿着蛇的。又有许多怪鸟。

又东南一百八十里,曰暴山①,其木多棕、柟、荆、芑、竹箭、䉋、菌②,其上多黄金、玉,其下多文石、铁,其兽多麋、鹿、麇、就③。

 **注释**

①暴山,《五藏山经传》卷五:"暴疑'皋'之讹。山盖即辰州东北马溺洞,有马溺水塘近南,即竹坪塘。"②菌,郭璞曰:"菌亦箖类,中箭。"③就,郭璞曰:"鹠也。"

 **译文**

再往东南一百八十里,叫暴山,树木大多是棕树、柟树、荆棘、枸杞、竹箭、䉋、菌,山上多产黄金和玉,山下多产文石和铁。兽类多麋、鹿、麇、就。

又东二百里,曰真陵之山①,其上多黄金,其下多玉,其木多穀、柞、柳、杻,其草多荣草。

 **注释**

①真陵之山,《五藏山经传》卷五:"尧山东湘口之磊石山也。真,古颠字。"

**译文**

再朝东二百里的地方是真陵山,山上到处都是黄金,山下随处可见玉石,山上的树木以穀树、柞树、柳树和杻树居多,草类大多数是荣草。

又南九十里,曰柴桑之山,其上多银,其下多碧,多泠石、赭,其木多柳、芑、楮、桑。其兽多麋、鹿,多白蛇、飞蛇①。

**注释**

①飞蛇:即螣蛇,龙的一种,传说能腾云驾雾。

**译文**

再朝南九十里的地方叫柴桑山,山上以银为主,山下以碧玉、泠石和赭石为多。树木大部分是柳树、枸杞树、楮树和桑树。山中生活着大量的麋和鹿,还有很多白蛇和飞蛇。

又东二百三十里,曰荣余之山①,其上多铜,其下多银,其木多柳、芑,其虫多怪蛇、怪虫。

飞蛇

①荣余之山,《五藏山经传》卷五:"山在袁州萍乡东南秀水河,其水三源,俱西北流十余里而合,折东北会诸水,象华朵屈垂也。"

再往东二百三十里是荣余山,山上到处都是铜矿,山下盛产银,山上的树木以柳树和芑最多,山上也有很多的怪蛇和怪虫。

凡洞庭山之首,自篇遇之山至于荣余之山,凡十五山,二千八百里。其神状皆鸟身而龙首。其祠:毛用一雄鸡、一牝豚刉①,糈用稌。凡夫夫之山、即公之山、尧山、阳帝之山皆冢也,其祠:皆肆瘗②,祈用酒,毛用少牢,婴毛、一吉玉。洞庭、荣余山神也,其祠:皆肆瘗,祈酒太牢祠,婴用圭璧十五,五采惠③之。

**注释**

①刉(jī),祭礼中割刺牲畜以使出血。②肆瘗,郭璞曰:"肆,陈之也。陈牲玉而后蘸藏之。"③惠,郝懿行曰:"义同藻绘之绘,盖同声假借字也。"

**译文**

洞庭山山系,从篇遇山到荣余山,一共十五座山,二千八百里。山神的形状都是鸟身龙头。祭祀的礼仪为:毛物用一只雄鸡、一头母猪,取其血;精米用粳稻。夫夫山、即公山、尧山、阳帝山的山神都是众神之君,祭祀的礼仪为:供奉的牲、玉在陈列后埋下,祈祷用酒,毛物用少牢,婴用毛物和一块吉玉。洞庭、荣余的山神是他们的臣属,祭祀的礼仪为:供奉的牲、玉陈列后埋下,祈祷用酒,毛物用太牢,婴用圭璧十五块,玉要用五彩描绘。

右中经之山志,大凡百九十七山,二万一千三百七十一里。大凡天下名山五千三百七十,居地大凡六万四千五十六里。

中山经的全部内容都在这里，总共一百九十七座山，蜿蜒二万一千三百七十一里。天下的名山一共五千三百七十座，占地面积为六万四千零五十六里。

禹曰：天下名山，经五千三百七十山，六万四千五十六里，居地也。言其"五臧"①，盖其馀小山甚众，不足记云。天地之东西二万八千里，南北二万六千里，出水之山者八千里，受水者八千里，出铜之山四百六十七，出铁之山三千六百九十②。此天地之所分壤树穀也，戈矛之所发也，刀铩③之所起也，能者有余，拙者不足。封于太山，禅于梁父④，七十二家，得失之数，皆在此内，是谓国用⑤。

**注释**

①五臧，郝懿行曰："《汉书》云，'山海，天地之臧'，故此经称'五臧'。"②"出铜"两句，《石雅·色金》："《山海经》一书备详产金、产银、产铜、产锡与产铁之山，而又有黄金、赤金、白金、赤银、赤铜、赤锡、白锡诸名，乃于终篇独以铜、铁概括之，则明铜、铁二义，非专指铜、铁言也。"谓铜、铁二字也指合金。③铩，音shā，长而有刃的兵器。④"封于"两句，古代帝王祭天地，在泰山上筑土为坛，报天之功，称"封"；在泰山下的梁父山上辟场祭地，报地之德，称"禅"。⑤郝懿行曰："自'禹曰'已下，盖皆周人相传旧语，故管子援入《地数篇》，而校书者附著《五臧山经》之末。"

**译文**

禹说：天下的名山，经过了五千三百七十座山，六万四千五十六里的占地。只说这"五臧"山，是因为其余的小山还有很多，都不值得记录。天地之间东西相距二万八千里，南北相距二万六千里，出水的山有八千里，受水的山也有八千里，产铜的山有四百六十七座，出铁的山有三千六百九十座。这是天地授予人划分地域、种植粮食的空间，也是生产兵器、进行战争的资源。能力强的富足有余，能力差的贫困不足。古代成功的帝王会到太山和梁父山祭祀天地，传说这样的王者有七十二家，他们成败得失的运数都在这农业、军事的发展中流转，这就是所谓国家经费。

右《五臧山经》五篇，大凡一万五千五百三字。

**译文**

以上是《五臧山经》的五篇，总计一万五千五百零三字。

《中次十二经》既是对中央第十二列群山的介绍，也是对《五臧山经》的总结。文中所提到的山大多是名山，要么蕴藏丰富的资源，如矿产资源、动植物资源等，要么住着神仙、山神，要么有长相奇特又凶猛的野兽。

文章最后总结了人和自然的关系，阐述了远古人类为抢夺资源而发动战争的历史规律，从中可以看出农业是社会的主要经济产业，人们只能靠天吃饭，这也是为什么古代的人会花时间和物资去祭奠荒诞的天神，乞求风调雨顺、无病无灾。

# 卷六 海外南经

# 海外南经

　　地之所载，六合①之间，四海之内，照之以日月，经②之以星辰，纪之以四时，要③之以太岁，神灵所生，其物异形，或夭或寿，唯圣人能通其道。

　　①六合，天地四方，整个宇宙的巨大空间。②经，治理。③要，矫正、更正。

　　大地所承载，宇宙之间，四海之内，被日月照耀，被星辰治理，被四时计数，被太岁矫正，那些神灵衍生的万物，形状各不一样，有的很早就死亡，有的很长寿，只有圣人能了解其中的规律。

　　海外自西南陬①至东南陬者。

　　①陬(zōu)，角落。

　　海外从西南角到东南角。

　　结匈国在其西南①，其为人结匈②。

注释

①其西南,"海外四经"可能是由一组零散的记录整理而成,这些记录的对象在空间方位上呈环形,因此这个"其"可能是指下文同在海外西南角的灭蒙鸟,以下的"其"则都指上一条所述对象。②结匈,郭璞曰:"臆前胅出,如人结喉也。"

译文

结匈国在它的西南面,这里的人胸骨向前突出。

南山在其东南。自此山来,虫为蛇,蛇号为鱼。一曰南山在结匈东南。

结匈国人

译文

南山在它的东南。从这座山过来,虫被称为蛇,蛇被称为鱼。一说南山在结匈国东南。

羽民国在其东南,其为人长头,身生羽。一曰在比翼鸟东南,其为人长颊①。

注释

①颊,面颊。

译文

它的东南边是羽民国,那里的人头很长,遍身羽毛。另外一种说法是,比翼鸟的东南方向是羽民国,那里的人长着长长的脸颊。

有神人二八,连臂,为帝司夜①于此野。在羽民东。其为人小颊赤肩。尽十六人。

注释

①司夜,主管夜间报时。

有神人名叫二八，手臂相连，在这里的荒野做天帝的更夫，在羽民国的东面。这个神面颊很小，肩膀是红色的。一共十六个人。

毕方鸟在其东，青水西，其为鸟人面一脚。一曰在二八神东。

毕方鸟在它的东面，青水的西面，这种鸟长着人的面孔，只有一只脚。一说在二八神的东面。

讙头国在其南，其为人人面有翼，鸟喙，方捕<sup>①</sup>鱼。一曰在毕方东。或曰讙朱国。

**注释**

①方，正。《海经》部分是依图而作的文字，所以常有这种画面感很强的表述。

讙头国在它的南面，这里的人有人的面孔，有翅膀，长着鸟的嘴，正在捕鱼。一说在毕方的东面。或叫讙朱国。

厌火国在其国<sup>①</sup>南，兽身黑色。生火出其口中。一曰在讙朱东。

**注释**

①国，一说为衍字。

它的南面是厌火国，厌火国的人长着野兽的身子，全身黑色，口可以喷火焰。还有一种说法是厌火国在讙朱国的东方。

三株树在厌火北，生赤水上，其为树如柏，叶皆为珠。一曰其为树若彗<sup>①</sup>。

**注释**

①彗，彗星，俗称扫帚星。

厌火国的北面有三棵树，这三棵树生长在赤水之上，树看起来像柏树，但叶子都是珠子。另一种说法是这种树和彗星很像。

贯匈国在其东，其为人匈有窍。一曰在戴国东。

贯匈国在它的东面，这里的人胸部有一个洞贯穿前后。另一种说法是戴国的东部才是贯匈国。

交胫国在其东，其为人交胫①。一曰在穿匈②东。

①胫，人的小腿。②穿匈，即贯匈国。

交胫国在它的东边，那里的人走路交叉着小腿。还有一种说法是贯匈国的东边才是交胫国。

不死民在其东，其为人黑色，寿，不死。一曰在穿匈国东。

它的东边是不死民，那里的人都是黑色的皮肤，长生不老，不死。一说它在穿匈国的东面。

岐舌①国在其东。一曰在不死民东。

①岐舌，郭璞曰："其人舌皆岐，或云支舌也。"郝懿行曰："支舌即岐舌也。"岐，分岔，与"支"字同义。

译文

岐舌国在它的东面。一说在不死民的东面。

昆仑虚①在其东，虚四方。一曰在岐舌东，为虚四方。

①昆仑虚，《说文》："虚，大丘也。昆仑丘谓之昆仑虚。"段玉裁注："虚者，今之墟字，犹'昆仑'，今之'崐崘'字也。虚本谓大丘，大则空旷，故引伸之为空虚。"

**译文**

昆仑山在它的东面，山是四方形的。一说在岐舌的东面，山是四方形的。

羿①与凿齿②战于寿华③之野，羿射杀之。在昆仑虚东。羿持弓矢，凿齿持盾。一曰戈。

**注释**

①羿，古代神话传说中擅长射箭的人。另外传说夏自穷氏国君也名叫羿，也善射，因不修民事，为家臣寒浞所杀。②凿齿，郭璞曰："凿齿亦人也，齿如凿，长五六尺，因以名云。"③寿华，南方泽名。

羿与凿齿在寿华之野开战，羿射杀了他。事情发生在昆仑山的东面。羿拿着弓箭，凿齿拿着盾。一说戈。

三首国在其东，其为人一身三首。一曰在凿齿东。

它的东面是三首国，这里的人一个身子三个头。还有一种说法是凿齿国的东面是三首国。

周饶国在其东，其为人短小，冠带①。一曰焦侥②国在三首东。

**注释**

①郭璞曰："其人长三尺，穴居，能为机巧，有五

三首国

谷也。"②侥，音 yáo。

周饶国在它的东面，这里的人身材短小，戴帽子，束腰带。一说焦侥国在三首国的东面。

长臂国在其东，捕鱼水中，两手各操一鱼。一曰在焦侥东，捕鱼海中。

它的东边是长臂国，这里的人捕鱼，从水中出来的时候两手各抓一条鱼。另一种说法是焦侥国的东面才是长臂国，那里的人在海中捕鱼。

精华赏析

　　《海外南经》一开头就总领全文，交代了四海生灵不尽相同的观点，然后分别介绍海外多个国家的不同之处，这样能够让文章的结构更加紧密。

　　文章最大的亮点体现在各国外形奇特的生灵，他们人不像人、鸟不像鸟、兽不像兽，虽然都长相狰狞，但是却不会让人害怕，讽刺了那些茹毛饮血的人连怪物都不如。

　　作者发挥奇特的想象，给人的身上装羽毛（羽国），给鸟装上人的头（毕方鸟），赋予人喷火的特能（厌火国人）；给人胸口开洞（贯匈国人）等，这些新奇的想法给后人留下弥足珍贵的素材，表现出他们惊人的智慧。

# 卷七 海外西经

## 海外西经

海外自西南陬至西北陬者。

海外从西南角到西北角。

灭蒙鸟在结匈国北,为鸟青,赤尾。

灭蒙鸟在结匈国的北面,这种鸟青色,尾巴是红色的。

大运山高三百仞,在灭蒙鸟北。

大运山高三百仞,在灭蒙鸟的北面。

大乐之野,夏后启①于此儛九代②,乘两龙,云盖三层。左手操翳③,右手操环④,佩玉璜⑤。在大运山北。一曰大遗之野。

夏后启

165

注释

①夏后启,禹受舜禅建立夏王朝,称夏后氏,禹死后传位给儿子启,就是夏后启。②九代,郭璞曰:"九代,马名,俳谓盘作之令舞也。"郝懿行曰:"九代,疑乐名也。《竹书》云:'夏帝启十年,帝巡狩,舞九韶于大穆之野。'《大荒西经》亦云:'天穆之野,启始歌九招。'招即韶也。疑九代即九招矣。又《淮南·齐俗训》云:'夏后氏其乐夏籥九成。'疑九代本作九成,今本传写形近而讹也。李善注王融《三月三日曲水诗序》引此经云:'舞九代马。'疑'马'字衍。而《艺文类聚》九十三卷及《太平御览》八十二卷引此经亦有'马'字,或并引郭注之文也。舞马之戏恐非上古所有。"俞樾与郝懿行大意相近,但以为"九代"是"九戈"之误,"九戈"又是"九歌"的音讹。③翳,用羽毛做的华盖。④环,璧的一种,圆圈形的玉器。⑤璜,玉器名。状如半璧。

大乐野,夏后启曾在这里上演《九代》舞,驾驭两条龙,上面有三层像伞盖一样的祥云。左手拿着翳,右手拿着环,身上佩戴玉璜。在大运山的北面。一说大遗野。

三身国在夏后启北,一首而三身。

三身国在夏后启所在之地的北边,那里的人都是一个脑袋三个身子。

一臂国在其北,一臂一目一鼻孔。有黄马、虎文,一目而一手。

一臂国

译文

一臂国在它的北面,这里的人一条手臂、一只眼、一个鼻孔。有一种黄色的马,身上有虎纹,一只眼,一条手臂。

奇肱之国在其北,其人一臂三目,有阴有阳,乘文马①。有鸟焉,两头,赤黄色,在其旁。

①"有阴"两句,郭璞曰:"阴在上,阳在下,文马即吉良也。"

奇肱国在它的北面,这里的人一条手臂三只眼,有阴有阳,骑文马。有一种鸟,两个头,身体赤黄色,在它的旁边。

形天①与帝至此争神,帝断其首,葬之常羊之山。乃以乳为目,以脐为口,操干戚以舞。

①形天,即"刑天",神话传说中的无头之神。

刑天与天帝争夺神位,天帝砍掉了他的头,把他的头埋葬在常羊山。于是刑天把自己的乳头当眼睛,把肚脐当嘴巴,一手握盾,一手拿斧,挥舞不止。

形天

丈夫国在维鸟北,其为人衣冠带剑。

维鸟的北面是丈夫国,丈夫国的人衣冠楚楚,腰佩宝剑。

女丑之尸,生而十日炙杀之①。在丈夫北。以右手鄣②其面。十日居上,女丑居山之上。

①"女丑"两句,郝懿行曰:"十日并出,炙杀女丑,于是尧乃命羿射杀九日也。"②鄣,同障,遮蔽。

女丑尸,一出生就被十个太阳炙烤而死。丈夫国的北面就是女丑尸。

用右手遮蔽住脸，十个太阳在天上，女丑尸住在山上。

巫咸国在女丑北，右手操青蛇，左手操赤蛇，在登葆山，群巫所从上下也①。

**注释**

①"群巫"句，郭璞曰："采药往来。"

**译文**

女丑的北边是巫咸国，这里的人右手拿着青蛇，左手拿着红蛇，在登葆山，是采药往来的地方。

并封在巫咸东，其状如彘，前后皆有首①，黑。

**注释**

①"前后"句，郭璞曰："今弩弦蛇亦此类也。"郝懿行曰："弩弦蛇即两头蛇也。"

并封

**译文**

巫咸国的东边是并封，它形状像猪，前、后都有一个头，全身黑色。

女子国在巫咸北，两女子居，水周之①。一曰居一门中②。

**注释**

①水周之，郭璞曰："有黄池，妇人入浴，出即怀妊矣。若生男子，三岁辄死。"②"一曰"句，郝懿行曰："居一门中，盖谓女围所居，同一聚落也。"

**译文**

女子国在巫咸的北面，两个女子住在这里，有水围绕着。一说住在一个门里。

穷山在其北，不敢西射，畏轩辕之丘①。在轩辕国北。其丘方，四蛇相绕。

168

注释

①"不敢"两句,郭璞曰:"言敬畏黄帝威灵,故不敢向西而射也。"

译文

它的北面是穷山,穷山上的人因为敬畏黄帝的威灵,所以不敢向西边射箭。穷山在轩辕国的北边。轩辕丘是方形的,有四条蛇彼此互相缠绕在一起。

白民之国在龙鱼北,白身被发。有乘黄,其状如狐,其背上有角,乘之寿二千岁。

译文

龙鱼的北面是白民国,这里的人都是白色的身体,头发披散着。有一种形状像狐,背上有角的野兽,名字叫乘黄,人们如果骑着它可以有二千岁的寿命。

肃慎之国在白民北,有树名曰雄常,先入伐帝,于此取之①。

乘黄

注释

①"有树"三句,郭璞曰:"其俗无衣服,中国有圣帝代立者,则此木生皮可衣也。"正文"先入伐帝"四字疑有讹误,诸家解说都难以使文义通畅,但大意当是中国有圣人代为建立肃慎国,进而取雄常树皮做衣服。

译文

在白民国的北面是肃慎国,这里有一种叫雄常的树,圣人代为建立肃慎国,并且用雄常树的皮做衣服穿。

长股之国在雄常北,被发①。一曰长脚。

注释

①"长股"二句,郭璞曰:"国在赤水东也。长臂人身如中人而臂长二丈,

以类推之,则此人脚过三丈矣。黄帝时至。或曰,长脚人常负长臂人入海中捕鱼也。"

雄常的北面是长股国,这里的人头发都是披散着。也有一种说法是长脚。

西方蓐收,左耳有蛇,乘两龙。

蓐收在西方,左耳上有蛇,乘坐着两条龙。

　　《海外西经》介绍了海外西南角到西北角的几个国家,这些国家的生灵长相怪异,比如一个头三个身体的人;一只手、一只眼、一个鼻子的人;一只眼、一只手的黄马;乳头做眼睛,肚脐当嘴巴的无头刑天等,这些都表现出古人丰富的想象力。

　　文中的生灵长得丑陋、怪异,甚至有些恐怖,但是并不作恶,从这一点可以流露出人们希望人人平等的愿望,同时也告诉读者世界之大无奇不有,应该常怀博爱之心,不去歧视和排挤异己。

# 卷八 海外北经

## 海外北经

海外自东北陬至西北陬者①。

①"海外"句,《淮南子·墬形训》所记以下诸国也说"自东北至西北方",但诸国排列次序正好相反,从跂踵国开始,到无继国(即无臂国)结束。毕沅以为是《淮南子》有误,然而就此下记录来看,既然是从东北到西北,则下一国应在上一国之西,而现在排列是一国在前一国之东,所以仍应是这里改作"西北陬至东北陬"为宜。

海外从东北角到西北角。

锺山之神,名曰烛阴,视为昼,瞑为夜,吹为冬,呼为夏,不饮,不食,不息。息①为风,身长千里。在无䏿之东。其为物,人面,蛇身,赤色,居锺山下。

烛阴

①息,郭璞曰:"气息也。"

锺山之神名叫烛阴,它睁开眼是白天,闭

上眼是黑夜，吹气是冬天，呼气是夏天，它不喝不吃，不总是呼吸。一呼吸就成为风，身体长达千里。在无晵的东面。这个神长着人的面孔，蛇的身体，红色，住在锺山下。

柔利国在一目东，为人一手一足，反郄曲足居上[1]。一云留利之国，人足反折[2]。

①"反郄"句，郭璞曰："一脚一手反卷曲也。"②人足反折，郝懿行曰："足反卷曲，有似折也。"

一目国的东边是柔利国，这里的人都是一只手和一只脚，手、脚反卷曲着。另一种说法是留利国，这里的人脚反卷曲着，像折断了似的。

共工[1]之臣曰相柳氏，九首，以食于九山[2]。相柳之所抵[3]，厥[4]为泽溪。禹杀相柳，其血腥，不可以树五谷种。禹厥之，三仞三沮[5]，乃以为众帝之台[6]。在昆仑之北，柔利之东。相柳者，九首人面，蛇身而青。不敢北射，畏共工之台。台在其东。台四方，隅有一蛇，虎色，首冲南方。

①共工，郭璞曰："霸九州者。"②"九首"两句，郭璞曰："头各自食一山之物，言贪暴难餍。"③抵，触。④厥，掘。⑤三仞三沮，郭璞曰："掘塞之而土三沮滔，言其血膏浸润坏也。"沮，毁坏；滔，当作陷。⑥"乃以"句，郭璞曰："言地润湿，唯可积土以为台观。"

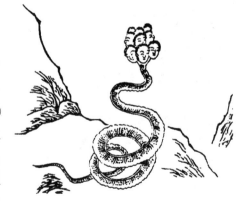

相柳氏

共工的臣子叫相柳氏，长有九个头，每个头各吃一座山上的东西。相柳所到之处，就会被挖成水潭。禹杀了相柳，相柳的血腥气弥漫，使土地不能种植五谷。禹挖掘掩埋了好几次，塌陷了好几次，才建成了众帝之台。在昆仑的北面，柔利的东面。相柳，有九个头，人的面孔，长着蛇的身体，青色。不敢向北射箭，因为畏惧共工之台。台在它东面，四方形，每个角有一条蛇，长有虎的斑纹，头向着南方。

深目国在其东，为人举一手一目，在共工台东。

 **译文**

深目国在它的东面，这里的人长着一只手、一只眼，在共工台的东面。

无肠之国在深目东，其为人长而无肠①。

 **注释**

①"其为"句，郭璞曰："为人长大，腹内无肠，所食之物直通过。"

 **译文**

深目国的东边是无肠国，这里的人都很高，但却没有肠道。

博父国在聂耳东①，其为人大，右手操青蛇，左手操黄蛇。邓林在其东，二树木②。一曰博父。

**注释**

①博父，当作"夸父"。《淮南子·墬形训》："夸父、耽耳在其北。"②二树木，郝懿行曰："盖谓邓林二树而成林，言其大也。"

博父国

**译文**

聂耳的东边是夸父国，这里的人都很高大，右手拿青蛇，左手拿黄蛇。它的东边就是邓林，那里只有两棵树。也有一种说法是博父。

禹所积石之山在其东，河水所入①。

①"禹所"两句,郭璞曰:"河出昆仑而潜行地下,至葱岭复出,注盐泽,从盐泽复行南出于此山而为中国河,遂注海也。《书》曰:'导河积石。'言时有壅塞,故导利以通之。"

它的东边是禹用来堆积石头的山,河水流进山中。

拘缨之国在其东,一手把缨①。一曰利缨之国。

①一手把缨,郭璞曰:"言其人常以一手持冠缨也。或曰缨宜作瘿。"郝懿行曰:"郭云:'缨宜作瘿',是国盖以一手把瘿得名也。"

它的东边是拘缨国,这里的人一只手拿冠缨。也有说法是利缨国。

寻木长千里,在拘缨南,生河上西北。

寻木长千里,在拘缨的南面,生长在黄河的西北面。

跂踵国在拘缨东,其为人大,两足亦大。一曰大踵①。

①大踵,郭璞曰:"其人行,脚跟不着地也。《孝经钩命决》曰'焦侥跂踵,重译款塞'也。"郝懿行曰:"大踵疑当为支踵或反踵,并字形之讹。"反踵则亦可为豕踵。

跂踵国

跂踵国在拘缨的东面,这里的人很高大,两只脚也很大。一说名大踵。

欧丝之野在大踵东,一女子跪据树欧丝①。

①"一女"句,郭璞曰:"言噉桑而吐丝,盖蚕类也。"

**译文**

大踵的东边是欧丝野,一个女子跪坐在树枝上吐丝。

范林方三百里,在三桑东,洲环①其下。

①洲环,郭璞曰:"洲,水中可居者。环,绕也。"

**译文**

范林在三桑的东边,方圆三百里,在它的下面环绕着小洲。

务隅之山,帝颛顼①葬于阳,九嫔②葬于阴。一曰爰有熊、罴、文虎、离朱、鸱久、视肉。

**注释**

①颛顼(zhuān xū),古帝王名。郭璞曰:"颛顼,号为高阳,冢今在濮阳,故帝丘也。一曰顿丘县城门外广阳里中。"②嫔,郭璞曰:"嫔,妇。"

**译文**

务隅山,帝王颛顼葬在它的南坡,他的九个嫔妃葬在北坡。有另一种说法是这里有熊、罴、文虎、离朱、鸱久、视肉。

平丘在三桑东,爰有遗玉①、青鸟、视肉、杨柳、甘柤、甘华,百果所生,有两山夹上谷,二大丘居中,名曰平丘。

**注释**

①遗玉,郭璞曰:"玉石。"

三桑的东面是平丘，这里有玉石、青鸟、视肉、杨柳、甘粗和甘华，这里是百果生长的地方，两座山把上方的山谷夹住，两个大丘居中，叫作平丘。

北方禺强①，人面鸟身，珥两青蛇，践两青蛇。

①禺强，郭璞曰："字玄冥，水神也。"

禺强在北方，它有人的面孔，鸟的身子，耳戴着两条青蛇，脚下踩着两条青蛇。

精华赏析

《海外北经》展开了丰富的想象，把海外东北角到西北角的国家写得非常有趣，尤其是里面生得怪异的生灵，是我们前所未见、闻所未闻的。文章使用大量的外貌描写，把他们写得具体生动，让读者被这些奇怪的生物深深吸引。

在文明非常落后的上古时代，人们无法解释一些自然现象，就编出很多的神话，表现出他们对大自然的好奇和探索欲。

文中出现的烛阴、相柳氏、禹、夸父等形象已经成为经典，经常出现在影视作品、文学作品中，由此可见这篇文章对后人带来的深远影响。

# 卷九 海外东经

## 海外东经

海外自东南陬至东北陬者。

海外从东南角到东北角。

大人国在其北，为人大，坐而削船①。一曰在磋丘北。

①削船，郝懿行曰："削当读若'稍'，削船谓操舟也。"

它的北面是大人国，这里的人都魁梧高大，坐着划船。另一种说法是磋丘的北面才是大人国。

君子国在其北，衣冠带剑，食兽，使二大虎在旁，其人好让不争。有薰华草，朝生夕死。一曰在肝榆之尸北。

君子国在它的北面，这里的人穿衣戴冠带剑，吃兽类，用二只大虎在身旁，这里的人喜欢礼让，不爱争夺。有薰华草，早晨出生傍晚死去。一说在肝榆尸的北面。

大人国

虹<sup>①</sup>虹在其北,各有两首。一曰在君子国北。

①虹,同虹。郭璞曰:"虹,螮蝀也。"

它的北面是虹虹,分别都有两个头。也有一种说法是在君子国的北边。

朝阳之谷,神曰天吴,是为水伯。在虹虹北两水间。其为兽也,八首人面,八足八尾,皆青黄。

朝阳谷的神叫天吴,这是水伯。在虹虹的北面两水之间。这种兽有八个头和人的面孔,八只脚、八条尾巴,都是青黄色。

青丘国在其北,其狐四足九尾。一曰在朝阳北。

青丘国在它的北面,这里的狐有四只脚、九条尾巴。一说在朝阳的北面。

天吴

帝命竖亥<sup>①</sup>步,自东极至于西极,五亿十选<sup>②</sup>九千八百步。竖亥右手把算<sup>③</sup>,左手指青丘北。一曰禹令竖亥。一曰五亿十万九千八百步。

①竖亥,郭璞曰:"健行人。"②选(suàn),万。③算,古代计数用的筹码。

天帝让竖亥以脚步测量从东极到西极的距离,一共是五亿十万九千八百步。竖亥右手拿着计数的筹码,左手指着青丘山的北面。也有一种说法是禹令竖亥。另一种说法是五亿十万九千八百步。

黑齿国①在其北,为人黑②,食稻啖蛇,一赤一青,在其旁。一曰在竖亥北,为人黑首,食稻使蛇,其一蛇赤。

黑齿国

 注释

①黑齿国,郭璞曰:"《东夷传》曰:倭国东四十余里有裸国,裸国东南有黑齿国,船行一年可至也。《异物志》云:西屠染齿,亦以放此人。"②为人黑,郝懿行曰:"黑下当脱齿字。"

译文

它的北边是黑齿国,这里的人都是黑色的,以稻谷和蛇作为食物,一条红蛇一条青蛇在身边。另一种说法是竖亥的北边是黑齿国,这里人有黑色的头,吃稻谷,蛇作为一种工具,其中一条是红蛇。

下有汤谷①。汤谷上有扶桑②,十日所浴,在黑齿北。居水中,有大木,九日居下枝,一日居上枝。

注释

①汤谷,郭璞曰:"谷中水热也。"②扶桑,郭璞曰:"扶桑,木也。"

译文

下面有汤谷。汤谷的上面有扶桑树,这里是十个太阳洗澡的地方,在黑齿国的北边。水里面有一棵大树,九个太阳住在下面的树枝上,一个太阳住在树枝上面。

雨师妾①在其北,其为人黑,两手各操一蛇,左耳有青蛇,右耳有赤蛇。一曰在十日北,为人黑身人面,各操一龟。

注释

①雨师妾,郭璞曰:"雨师谓屏翳也。"郝懿行曰:"雨师妾盖亦国名,即如《王会篇》有姑妹国矣。《焦氏易林》乃云:'雨师娶妇。'盖假托为词耳。"

雨师妾在它的北面，这里的人黑色，两手各拿一条蛇，左耳有青蛇，右耳有赤蛇。一说在十日的北面，这里的人黑身人面，各拿一只龟。

玄股之国①在其北，其为人衣鱼食躯，使两鸟夹之。一曰在雨师妾北。

①玄股之国，郭璞曰："髀以下尽黑，故云。"

它的北边是玄股国，这里的人都把鱼皮作为衣服，以鸥为食物，用两只鸟夹着。另一种说法是雨师妾北边是玄股国。

毛民之国在其北，为人身生毛①。一曰在玄股北。

①"毛民"两句，郭璞曰："今去临海郡东南二千里有毛人，在大海洲岛上，为人短小，而体尽有毛，如猪能穴居，无衣服。晋永嘉四年，吴郡司盐都尉戴逢在海边得一船，上有男女四人，状皆如此，言语不通，送诣丞相府，未至，道死，唯有一人在。上赐之妇，生子，出入市井，渐晓人语，自说其所在是毛民也。《大荒经》云'毛民食黍'者是矣。"

玄股国

毛民国在它的北面，这里的人身上长毛。一说在玄股的北面。

东方句芒①，鸟身人面，乘两龙。

①句芒，郭璞曰："木神也，方面素服。墨子曰：昔秦穆公有明德，上帝使句芒赐之寿十九年。"

在东方的句芒神，长着鸟的身体，人的面孔，乘坐着两条龙。

建平元年四月丙戌，待诏太常属臣望校治，侍中光禄勋臣龚、侍中奉车都尉光禄大夫臣秀领主省①。

①此是刘向等人校书时的落款，和《五臧山经》每卷后的小计、《大荒西经》后的注语一样，都是后人所加，但比附于正文一起刊行的。唯此处及《海内东经》后是单纯的落款，既与正史毫无关系，又没有翻译的必要，故仅原样附录。

精华赏析

《海外东经》介绍了从海外东南角到东北角的几个国家，这些国家的生物都非常特别，有的人身材高大，有的人有两个头，甚至还有八个头、八只手、八条腿、八只尾巴的神，九只尾巴的狐狸等，这些奇怪的生物营造了一个充满神话色彩的世界，大大地满足了人们的好奇心。

文章用生动形象的文字把那些奇怪的生物写得活灵活现，让读者有种身临其境的感觉，仿佛到这些神秘又奇特的国家游历了一番。

作者丰富的想象力和惊人的创造力在给读者带来美的享受的同时，也向读者展示了远古时代人们原始的生活状态。

# 卷十 海内南经

## 海内南经

海内东南陬以西者。

海内从东南角往西的。

三天子鄣①山在闽西海北②。一曰在海中。

①鄣，音 zhāng。②"三天"句，郭璞曰："今在新安歙县东，今谓之三王山，浙江出其边也。张氏《土地记》曰：东阳永康县南四里有石城山，上有小石城，云黄帝曾游此，即三天子都也。"吕调阳《海内经附传》："今天台山，古浙河所出。是与天目、庐山并为三天子鄣，顶皆有池，流为飞瀑。"

闽西海的北边是三天子鄣。还有一种说法是在海中。

桂林八树在番隅东①。

①"桂林"句，郭璞曰："八树而成林，言其大也。番隅，今番隅县。"《海内经附传》："今天台山有八桂岭，在天台山北五十里。《周书》曰：'自深桂。'今

象山以西地也。自，鼻也，象海澳形。八树成林，言大也。今天台月桂大树繁华，结实如莲子，状味辛香，是矣。"

在番隅的东边有八棵巨大的桂树形成的一片桂林。

伯虑国①、离耳国②、雕题国③、北朐④国皆在郁水南。郁水⑤出湘陵南海。一曰相虑。

①伯虑国，《海内经附传》："伯，古通白。白虑，徐闻也。水形象人瞋目想也。"②离耳国，郭璞曰："锼离其耳，分令下垂以为饰，即儋耳也。在朱崖海渚中。不食五谷，但嗷蚌及诸笃也。"锼，镂刻。《海内经附传》："离耳，即儋耳，今儋州，亦肖水形。"③雕题国，郭璞曰："点涅其面，画体为鳞采，即鲛人也。"大意略似今纹身。《海内经附传》："雕题，今东兰土州白面山，水象额有雕刻之形。"④北朐(qú)，《海内经附传》："北，背也；朐，奉作'枸'，背偻折似枳枸也，即今钦州，肖渔洪江之形，汉为赢陵县，交州刺史治。"⑤郁水，《海内经附传》："郁水，今盘江。此云出湘陵，则指漓水南合郁水而言也。"

伯虑国、离耳国、雕题国、北朐国都在郁水的南面。郁水在湘陵南海发源。一说相虑。

枭阳国在北朐之西，其为人人面长唇，黑身有毛，反踵，见人笑亦笑，左手操管。

枭阳国在北朐的西面，这里的人长着人的面孔，嘴唇很长，黑色的身体上有毛，脚跟反向，看见人笑也跟着笑；左手拿着竹筒。

兕在舜葬东，湘水南，其状如牛，苍黑，一角。

枭阳国

舜的墓葬的东边是咒，在湘水的南边，它的形状像牛，但是是青黑色的，只有一只角。

苍梧之山。帝舜葬于阳①，帝丹朱葬于阴②。

①"苍梧"两句，郭璞曰："即九疑山也。《礼记》亦曰：'舜葬苍梧之野。'"《海内经附传》："山在耒阳，即战国楚南之苍梧，非舜所葬之苍梧也。"②"帝丹"句，郭璞曰："今丹阳复有丹朱冢也。《竹书》亦曰：后稷放帝朱于丹水。与此义符。丹朱称帝者，犹汉山阳公死加献帝之谥也。"

帝舜葬在苍梧山的南面，帝丹朱葬在苍梧山的北面。

氾林①方三百里，在狌狌东。

①氾林，《海内经附传》："今郁林州及廉、钦二州地，水形俱如风被木。"

氾林占地有三百里，在狌狌的东边。

狌狌知人名，其为兽如豕而人面①，在舜葬西。

①"狌狌"句，郭璞曰："《周书》曰：郑郭狌狌者，状如黄狗而人面。头如雄鸡，食之不眯。今交州封溪出狌狌，土俗人说云，状如豚而腹似狗，声如小儿啼也。"

狌狌知道人的名字，它是一种长得像猪却有人的面孔的动物，在舜墓葬的西面。

狌狌西北有犀牛,其状如牛而黑①。

①"狌狌"句,郭璞曰:"犀牛似水牛,猪头,在狌狌知人名之西北,庳脚,三角。"庳,矮、短。

**译文**

在狌狌的西北方有犀牛,它的长相像牛但却是黑色的。

窫窳①龙首,居弱水②中,在狌狌知人名之西,其状如龙首,食人③。

**注释**

①窫窳,郭璞曰:"本蛇身人面,为贰负臣所杀,复化而成此物也。"②弱水,《海内经附传》:"石城县北之九州江,象木直建,其水南会龙湖水,象阴不强,即弱水。"③"窫窳"五句,《山海经地理今释》卷六:"此经当作'窫窳在狌狌知人名之西,其状如貙,龙首,食人。'上'龙首'二字衍。'居弱水中'四字别为一条,其上应更有'窫窳'二字,次下条'有木,其状如牛'之上。传写误混入此,'貙'字脱文,《文选·吴都赋》刘注引此经,作'南海之外猰㺄状如躯,龙首,食人',所据本尚未脱误。弱水在昆仑虚,不得与苍梧之野舜葬西狌狌所在之地相接。《海内西经》开明东'巫彭、巫抵、巫阳、巫履、巫凡、巫相,夹窫窳之尸'下云'窫窳者,蛇身人面,贰负臣所杀也'。窫窳本有二,居弱水中者是蛇身人面之窫窳,非如貙龙首之窫窳也。下条'建木在窫窳西弱水上''氏人国在建木西'与《海内西经》'后稷之葬,山水环之。在氐国西'之文亦脉络相连,不可划绝,此条及下二条盖本俱在彼篇'开明南'条后,为记昆仑隅外之物状地形。简策散乱,编者误依此经窫窳之文联而次之,致纷歧错杂,无条理可寻。今本又并两条为一,'弱水之中'即为'狌狌之西',盖纠互难通矣。"

窫窳长着龙头,住在弱水中,在狌狌知人名的西面,形状像龙头,吃人。

窫窳

有木，其状如牛，引之有皮，若缨、黄蛇①。其叶如罗②，其实如栾③，其木若蓝④，其名曰建木⑤。在窫窳西弱水上⑥。

①"引之"两句，郭璞曰："言牵之皮剥如人冠缨及黄蛇状也。"②其叶如罗，郭璞曰："如绫罗也。"郝懿行曰："郭说非也。上世淳朴，无绫罗之名，疑当为网罗也。"③栾，郭璞曰："木名，黄本，赤枝，青叶，生云雨山。或作卵，或作麻。"④蓝(ōu)，郝懿行曰："刺榆也。"榆科植物。⑤建木，郭璞曰："青叶紫茎，黑华黄实，其下声无响，立无影也。"⑥"在窫窳"句，《山海经地理今释》卷六："当在今和硕特四左翼后旗境。"

有一种树，形状像牛，有可以拉扯的皮，样子像缨带、黄蛇。树叶像罗网，果实像栾，木质像蓝，名叫建木。在窫窳西面的弱水边上。

氐人国在建木西①，其为人人面而鱼身，无足②。

氐人国

①建木西，《山海经地理今释》卷六："当在今青海和硕特西右翼中旗境，为汉临羌塞外地。"《海内经附传》："今廉州府。人面、鱼身、无足，肖三汉江之形。"②"其为"两句，郭璞曰："尽胸以上人、胸以下鱼也。"

氐人国位于建木的西边，那里的人却长着人的面孔、鱼的身体，没有脚。

旄马①，其状如马，四节有毛。在巴蛇西北，高山南。

①旄马，《山海经地理今释》卷六："旄马当在今四川会理州、云南会泽县两境之中。"

旄马，它的形状长得像马，四肢关节上长着毛。位于巴蛇的西北方，高山的南方。

匈奴<sup>①</sup>、开题之国、列人之国并在西北。

旄马

①匈奴，郭璞曰："一曰猃狁。"《海内经附传》："匈奴，今阿拉善以西。"

匈奴、开题国、列人国都在西北。

精华赏析

　　文章在写海内东南角以西的国家时，充分发挥自己丰富的想象力，给读者创造一个神秘、奇特的梦幻世界，这里形态怪异的生灵让人瞠目结舌，新奇怪异的事物深深吸引读者的注意，让人不禁被作者的创造力所折服。

　　人们之所以想出这些奇怪的生物，一是当时消遣的方式单一，二是人们对自然的认识有限，三是人们对美好生活的向往。这篇文章隐晦地表达出、所有生物被平等对待的愿望，从中我们也该学会平等对待每个特殊的个体。

# 卷十一 海内西经

## 海内西经

海内西南陬以北者。

海内从西南角往北的。

雁门山,雁出其间。在高柳北。

雁从雁门山飞出。雁门山位于高柳的北方。

后稷之葬,山水环之①。在氐国西。

**注释**

①"后稷"两句,郭璞曰:"在广都之野。"

后稷下葬的地方有山水环绕。位于氐国的西方。

流黄酆氏之国①,中方三百里。有途②四方,中有山。在后稷葬西。

**注释**

①酆(fēng)氏之国,《山海经地理今释》卷六:"酆氏之国,在今四川瞻对

土司境。"②途，郭璞曰："途，道。"《海内经附传》："即今拉撒诏。其道一西南抵后藏，一西北通羊巴尖，一东北出墨竹工卡，一东南抵公布。"

流黄酆氏之国，方圆三百里。有道路通向四方，中间有山。在后稷葬的西面。

流沙①出锺山，西行又南行昆仑之虚，西南入海。黑水之山。

①流沙，郭璞曰："今西海居延泽，《尚书》所谓'流沙'者，形如月生五日也。"

流沙从锺山发源，向西行，再南行到昆仑之虚，再向西南入海。黑水山。

东胡①在大泽东。

**注释**

①东胡，郝懿行曰："国名也。"《海内经附传》："今索伦蒙古。"

**译文**

东胡位于大泽的东方。

· 夷人①在东胡东。

**注释**

①夷人，《海内经附传》："今混同江东北诸部。"

**译文**

夷人在东胡的东边。

貊国①在汉水②东北。地近于燕，灭之。

**注释**

①貊(mò)，郭璞曰："今扶馀国即濊貊故地，在长城北，去玄菟千里，出名

马、赤玉、貂皮、大珠如酸枣也。"《海内经附传》:"今奉天将军所辖诸打牲部落。"②汉水,《山海经地理今释》卷六以为当作"潦水",即《汉书·地理志》之辽水。

**译文**

貊国在汉水的东北面。和燕国很近,燕国消灭了它。

孟鸟[1]在貊国东北,其鸟文赤、黄、青,东乡[2]。

**注释**

①孟鸟,郭璞曰:"亦鸟名也。"《海内经附传》:"今宁古塔以东近乌苏里江地。孟鸟,鸟形如孟也。乌札虎河、穆棱河并东北注乌苏里江象之。"②乡,同"向"。

**译文**

孟鸟在貊国的东北面,这种鸟有赤、黄、青色的花纹,面向东方。

海内昆仑之虚[1],在西北,帝之下都。昆仑之虚,方八百里,高万仞[2]。上有木禾[3],长五寻,大五围。面有九井,以玉为槛[4]。面有九门,门有开明兽守之,百神之所在。在八隅之岩[5],赤水之际,非仁、羿莫能上冈之岩[6]。

开明兽

**注释**

①"海内"句,郭璞曰:"言海内者,明海外复有昆仑山。"虚,山丘。②高万仞,郭璞曰:"皆谓其虚基广轮之高庳耳。自此以上二千五百余里,上有醴泉华池,去嵩高五万里,盖天地之中也。见《禹本纪》。"③木禾,郭璞曰:"谷类也,生黑水之阿,可食,见《穆天子传》。"④"面有"两句,郭璞曰:"槛,栏。"《海内经附传》:"九井、九门,未详。或曰呼图必山奉作呼图克拜山。蒙古语呼图克,井也;拜,宝也。山在昆仑之东。"⑤在八隅之岩,郭璞曰:"在岩间也。"⑥"非仁"句,郭

璞曰："言非仁人及有才艺如羿者,不能得登此山之冈岭巉岩也。羿尝请药西王母,亦言其得道也。羿一或作'圣'。"

海内昆仑之虚,在西北面,天帝的下都。昆仑之虚,方圆八百里,高万仞。上面有树木谷物,长五寻,大五围。每面有九口井,用玉做成的井槛。每面有九道门,门上有开明兽看守着,众神聚集的地方。在八隅之岩,赤水边上,没有仁人和羿这样的本事是登不上这岩石的。

河水出东北隅,以行其北,西南又入渤海①,又出海外,即西而北入禹所导积石山。

**注释**

①"河水"三句,文理欠通,吴承志又以其方位有误,校作"以行其东南,又西北入渤海"。

**译文**

河水从东北角流出,向北方流去,又转向西南流入渤海,又流出海外,向西向北流入禹所疏导的积石山。

洋①水、黑水出西北隅,以东东行②,又东北,南入海,羽民南。

**注释**

①洋,音 xiáng。②以东东行,《山海经地理今释》卷六:"当作'以东南行',谓行西北隅之东南也。"

**译文**

洋水和黑水从西北角流出,向东南流去,再转向东北,最后折向南流入大海,位于羽民的南方。

昆仑南渊①深三百仞。开明兽身大类虎而九首,皆人面,东向立昆仑上。

**注释**

①昆仑南渊,郭璞曰:"灵渊。"《山海经地理今释》卷六:"昆仑南渊。今

哈喇乌苏源南腾格里池。"《海内经附传》："南渊谓博斯腾淖尔。"

昆仑的南渊有三百仞之深。开明兽身体巨大，长得像老虎但有九个头，都是人的面孔，向着东方站在昆仑山上。

开明东有巫彭、巫抵、巫阳、巫履、巫凡、巫相①，夹窫窳之尸，皆操不死之药以距之。窫窳者，蛇身人面，贰负臣所杀也。

（注释）

①"巫彭"以下，郭璞曰："皆神医也。《世本》曰：'巫彭作医。'《楚词》曰：'帝告巫阳。'"

开明东边有巫彭、巫抵、巫阳、巫履、巫凡、巫相，夹着窫窳之尸，都拿着不死之药想救活它。窫窳长着蛇的身体却有人的脸，它是被贰负的臣子杀死的。

服常树，其上有三头人，伺琅玕树①。

（注释）

①琅玕树，《石雅·琳琅》以为琅玕即巴瑓，亦即斯璧尼石。又曰："琅玕树者，即以琅玕为子之琼枝也。琼枝积石为之，盖石似树，而琅玕又出于石耳。"

服常树上有长着三个头的人，守卫着琅玕树。

三头人

开明南有树鸟、六首蛟①、蝮、蛇、蜼、豹。鸟秩树，于表池树木②，诵鸟、鹝③、视肉。

**注释**

①蛟,郭璞曰:"蛟似蛇,四脚,龙类也。"②"鸟秩"句,郭璞曰:"言列树以表池。即华池也。"③鹁,同隼,音 sǔn,郭璞曰:"鹞也。"

**译文**

开明南边有树鸟、六头蛟、蝮、蛇、蜼、豹。鸟秩树排列在池子的周围,有诵鸟、鹁、视肉。

精华赏析

　　《海内西经》在介绍海内西南角往北的国家时,讲述了很多的神话故事,读起来津津有味。比如昆仑之墟不是一般的神仙可以登上去的,它还有开明兽看守,带着非常浓郁的神话色彩。再如巫彭、巫抵、巫阳、巫履、巫凡、巫相拿着不死药救窫窳,而窫窳是被贰负和他的臣子合伙杀死的,这些神话故事都非常有趣,同时也给人们留下巨大的想象空间。

　　人们对神的虔诚是来源于对自然的无知,上古时代文明非常落后,人们编出神话让一些自然现象合理,充分体现出上古人类的智慧。

# 卷十二 海内北经

## 海内北经

海内西北陬以东者。

海内从西北角往东的。

蛇巫之山，上有人操柸①而东向立。一曰龟山。

①柸，郭璞曰："柸或作'棓'，字同。"郝懿行曰："柸即'棓'字之异文。"棓（bàng），大棒。《海内经附传》："象哈拉塔尔河形也。柸同杯。"

蛇巫山，山上有人拿着柸而面向东站立。一说龟山。

西王母梯①几而戴胜杖，其南有三青鸟，为西王母取食。在昆仑虚北。

①梯，凭、依着。

西王母靠着几案，戴着玉饰，她的南面有三只青鸟，专为西王母取食物。在昆仑虚的北面。

194

犬封国曰犬戎国,状如犬①。有一女子,方跪进杯食②。有文马,缟③身朱鬣,目若黄金,名曰吉量,乘之寿千岁④。

①"犬封"两句,郭璞曰:"黄帝之后卞明生白犬二头,自相牝牡,遂为此国,言狗国也。"《海内经附传》:"封,大也。阿稚尔泊东受诸水象犬。三危水北潴于苇荡,象女子跪进杯食也。"②

犬戎国

杯,又作"柸",同杯。郭璞曰:"与酒食也。"③缟,白色。④"有文"五句,郭璞曰:"《周书》曰:'犬戎文马,赤鬣白身,目若黄金,名曰吉黄之乘,成王时献之。'《六韬》曰:'文身朱鬣,眼若黄金,项若鸡尾,名曰鸡斯之乘。'《大传》曰:'驳身朱鬣鸡目。'《山海经》亦有吉黄之乘,寿千岁者。惟名有不同,说有小错,其实一物耳,今博举之以广异闻也。"

译文

犬封国也叫犬戎国,这里的人形状像狗。有一个女子,正跪着进奉酒食。有一种文马,白色的身体,朱红的鬣毛,眼睛像黄金,名叫吉量,骑了它可活一千岁。

鬼国在贰负之尸北,为物人面而一目①。一曰贰负神在其东,为物人面蛇身。

注释

①"鬼国"两句,《海内经附传》:"喀拉塔拉池北之布尔哈齐,象肿目也。"

鬼国在贰负之尸的北面,这里的怪物长着人的面孔,只有一只眼。一说贰负神在它的东面,怪物人面蛇身。

蜪①犬如犬,青,食人从首始。

①蛔,音 táo。

蛔犬长得像狗,身体是青色的,吃人的时候会从头部开始吃。

帝尧台、帝喾台、帝丹朱台、帝舜台,各二台,台四方,在昆仑东北①。

①"帝尧"三句,郭璞曰:"此盖天子巡狩所经过,夷狄慕圣人恩德,辄共为筑立台观以标显其遗迹也。一本云:所杀相柳,地腥臊,不可种五谷,以为众帝之台。"《海内经附传》:"地在今阜康县。"

译文

帝尧台、帝喾台、帝丹朱台、帝舜台,每台各有两个,台是四方形的,位于昆仑的东北方。

大蜂,其状如螽①。朱蛾,其状如蛾。

注释

①"大蜂"两句,郝懿行曰:"蜂有极桀大者,仅曰如螽,似不足方之。疑螽即为'蜂'字之讹,与下句词义相比。"《海内经附传》:"乌鲁木齐河象蜂螫形,其东阜康县诸水象蚁形。"

大蜂的外形长得像螽。朱蛾的外形长得像蛾。

阘①非,人面而兽身,青色。

①阘,音 tà。

阘非,有人的脸和动物的身体,是青色的。

据比之尸①,其为人折颈被发,无一手。

①据比之尸,《海内经附传》:"据,俯若廪也。肖赛里木之形。"

据比尸,这种人脖子是折断的,披散着头发,少一只手。

环狗,其为人兽首人身。一曰猬状如狗,黄色①。

①"一曰"两句,这里的"一曰"之后是另一版本的文字记录,但因为比较简略,出现了一个断句问题,我们无法知道另一本究竟是在说环狗"猬状,如狗,黄色",还是说这环狗"一曰猬",并且具有"状如狗,黄色"的特征。从常理上推断,似乎后一种情况可能性稍大,译文姑从之。《海内经附传》:"象罗克伦诸水西北入阿雅尔泊之形。"

环狗,这种人长着兽类的头,人的身体。一说是猬,形状像狗,黄色。

袜①,其为物人身黑首从目②。

①袜(mèi),即魅。②"其为"句,《海内经附传》:"萨尔巴克图北岸之阿尔沙图池水象从目也。"从,即"纵"。

袜是一种怪物,有着人的身体,头是黑色的,眼睛是竖着的。

戎,其为人人首三角。

戎是人,却长着人的头和三个角。

昆仑虚南所,有氾林<sup>①</sup>方三百里。

①氾林,《海内经附传》:"疑即大小榆谷,在青海之南河曲中。"

**译文**

在昆仑虚的南方,有一片氾林占地方圆三百里。

从极之渊<sup>①</sup>深三百仞,维冰夷<sup>②</sup>恒都焉。冰夷人面,乘两龙<sup>③</sup>。一曰忠极之渊。

**注释**

①从极之渊,《海内经附传》:"即河套西北之腾格里池。"②冰夷,郭璞曰:"冯夷也。《淮南》云:'冯夷得道,以潜大川。'即河伯也。《穆天子传》所谓'河伯无夷'者,《竹书》作冯夷,字或作'冰'也。"③乘两龙,郭璞曰:"画四面各乘灵车,驾二龙。"

**译文**

从极渊深三百仞,冰夷常住在这里。冰夷长着人的面孔,乘两条龙。一说是忠极渊。

阳污之山,河出其中;凌门之山,河出其中<sup>①</sup>。

**注释**

①"阳污"四句,《海内经附传》:"阳污即阳纡,在套北;凌门即龙门。"

**译文**

阳污山,河水从这里流出;凌门山,河水从这里流出。

王子夜<sup>①</sup>之尸,两手、两股、胸、首、齿,皆断异处。

①王子夜,郭璞曰:"此盖形解而神连,貌乖而气合,合不为密,离不为

疏。"《海内经附传》："夜当作亦。王子亦之尸在今玉门县地,象昌马诸水形。"

王子夜之尸,两只手、两条腿、胸、头和牙齿,都破碎散落在不同的地方。

舜妻登比氏生宵明、烛光①,处河大泽,二女之灵能照此所方百里。一曰登北氏②。

**注释**

①"舜妻"句,郭璞曰:"即二女字也,以能光照,因名云。"②"舜妻"五句,《海内经附传》:"此象河滩东两小池为说。非实舜事也。比作北为是背也,屋脊也。舜之言舛,故以登北为之妻,登北犹升极,指谓腾格里池也。宵明谓活育儿大泊;烛光,杜勒泊也。大泽即河滩,所谓阳纡之薮。"

舜的妻子登比氏生宵明、烛光,在河的边上,两个女子的灵光能照亮这里方圆百里的范围。一说登北氏。

列姑射①在海河州中。

**注释**

①列姑射,郭璞曰:"山名也。山有神人。河州在海中,河水所经者。庄子所谓藐姑射之山也。"

列姑射山位于海河州之中。

射姑国①在海中,属列姑射,西南,山环之。

**注释**

①射姑国,《海内经附传》:"由列姑射循海东南行,得襄阳府,即射姑国。有投射山与姑射东西相对,故曰射姑。海水环其东北,故曰在海中。此皆在倭北也。"

射姑国地处大海之中，属于列姑射，在西南边有山环绕着它。

陵鱼，人面，手足，鱼身，在海中。

陵鱼是一种鱼，却长着人的面孔，有手有脚，鱼的身体，生活在海中。

大鳊①居海中。

①鳊(biān)，郭璞曰："鳊即鲂也。"

大鳊住在海中。

明组邑居海中。

明组邑住在海中。

蓬莱山在海中①。

①"蓬莱"句，郭璞曰："上有仙人宫室，皆以金玉为之，鸟兽尽白，望之如云，在渤海中也。"《海内经附传》："今莱阳县之五龙河象转蓬，大、小姑河象莱，三面距海，故云在海中。"

蓬莱山在海中。

大人之市①在海中。

**注释**

①大人之市,《海内经附传》:"今登州海中洲岛上,春夏之交恒见城郭市廛,人物往来,谓之海市也。"

**译文**

大人市就在大海之中。

精华赏析

　　文章主要写了海内从西北角朝东方向的一些见闻,比如蛇山、西王母、犬封国、鬼国、大蜂、蓬莱等,这些虽然并不是同类型,但是都带着神话色彩,无不体现出远古人类丰富的想象力和无穷的智慧。

　　文中神奇的生物大大地满足了人们对神明的幻想,同时也留下了巨大的想象空间,为后人创造留下珍贵的素材。

　　文章结构清晰、语言精练,寥寥数语就把神奇的神族写得生动有趣,这对我们写作有很大的帮助。文章还擅长用类比的修辞手法,用常见的事物来形容陌生的事物,这样更容易理解,同样值得借鉴。

# 卷十三 海内东经

# 海内东经

海内东北陬以南者。

海内从东北角往南的。

钜燕①在东北陬。

注释

①钜燕,《海内经附传》:"钜燕在鸭绿江上游,水形肖燕飞而折如钜末。"

钜燕在东北角。

西胡白玉山在大夏东,苍梧在白玉山西南,皆在流沙西,昆仑虚东南。昆仑山在西胡西,皆在西北①。

注释

①"昆仑"两句,郭璞曰:《地理志》,昆仑山在临羌西,又有西王母祠也。"《海内经附传》:"西胡即玺暎国。苍梧,今叶天大罪尔羌之密尔岱山也。"

西胡的白玉山位于大夏的东方,苍梧位于白玉山的西南方,它们都在流沙的西方，昆仑虚的东南方。昆仑山位于西胡的西面，都在西北。

雷泽中有雷神①，龙身而人头，鼓其腹。在吴西。

①雷泽，郭璞曰："今城阳有尧冢灵台。雷泽在北也。《河图》曰：'大迹在雷泽，华胥履之而生伏羲。'"

雷神

雷泽中有雷神，龙的身体人的头，敲打着自己的腹部。在吴西。

韩雁①在海中，都州南。

①韩雁，《海内经附传》："在镂方东。扶叒水象雁以喙击物，张翅屈颈屡俯之形。"

译文

韩雁位于大海之中，在都州的南边。

浙江出三天子都①，在其②东。在闽西北，入海，余暨南③。

注释

①"浙江"句，郭璞曰："按《地理志》，浙江出新安黟县南蛮中，东入海，今钱塘浙江是也。黟即歙也。"《海内经附传》："浙同浙。浙江，今剡溪，水形象人曳锯也。"②其，吕调阳校作"共"，《海内经附传》："共，今处州两水如拱。"③余暨，郭璞曰："余暨县属会稽，今为永兴县。"《海内经附传》："余暨，今海盐县，越人谓盐为余，见《越绝》。"

浙江源自三天子都，在它的东面。在闽西北部，入海，余暨的南面。

庐江出三天子都，入江，彭泽西①。一曰天子鄣。

①彭泽，郭璞曰："彭泽今彭蠡也，在寻阳彭泽县。"

**译文**

庐江源自三天子都，流入长江，彭泽的西面。一说天子鄣。

淮水出余山，余山在朝阳东①，义乡西，入海，淮浦北②。

①朝阳，郭璞曰："朝阳县今属新野。"②"义乡"三句，郭璞曰："今淮水出义阳平氏县桐柏山山东，北经汝南、汝阴、淮南、谯国、下邳至广陵县入海。"《海内经附传》："此经以视为淮，以湍为汝，皆与古异。余山即胎簪山。汉朝阳县在今邓州东南，义乡即义阳也，今信阳州。淮浦，今洪泽湖。"

**译文**

淮水源自余山，余山在朝阳的东面，义乡的西面，入海，淮浦的北面。

湘水出舜葬东南陬，西环之①。入洞庭下②。一曰东南西泽。

**注释**

①"湘水"两句，郭璞曰："环，绕也。今湘水出零陵营道县阳湖山入江。"②入洞庭下，郭璞曰："洞庭，地穴也，在长沙巴陵。今吴县南太湖中有包山，下有洞庭，穴道潜行水底，云无所不通，号为地脉。"《海内经附传》："西环之谓分，漓水西流出其北而南也。下，谓在南。"

湘水源自舜墓葬的东南角，在西面环绕，流入洞庭之下。一说东南西泽。

濛水出汉阳西①，入江，聂阳西②。

**注释**

①汉阳，郭璞曰："汉阳县属朱提。"②"濛水"三句，《海内经附传》："濛即

北江，今出成都彭县。聂阳，今永川县地。大江自重庆以西回流屈复似聂耳，故曰聂。今濛水至泸州入江，在其西也。"

濛水从汉阳的西面流出，流入江中，位于聂阳的西方。

温水出崆峒山，在临汾南①，入河，华阳北。

①"温水"两句，郭璞曰："今温水在京兆阴盘县，水常温也。临汾县属平阳。"

译文

温水从崆峒山流出，位于临汾的南方，流入河中，在华阳的北面。

颍水出少室，少室山在雍氏南，入淮西鄢北①。一曰缑氏②。

注释

①"颍水"三句，郭璞曰："今颍水出河南阳城县乾山，东南经颍川汝阴至淮南下蔡，入淮。鄢，今鄢陵县，属颍川。"《海内经附传》："鄢疑当作邔，今颍口之南，夹淮有东西正阳镇。郭以为鄢陵，远矣。"②缑氏，郭璞曰："县属河南。"

颍水源自少室，少室山在雍氏的南面，流入淮西鄢北。一说缑氏。

汝水出天息山，在梁勉乡西南，入淮极西北①。一曰淮在期思北②。

注释

①"汝水"三句，郭璞曰："今汝水出南阳鲁阳县大盂山，东北至河南梁县，东南经襄城、颍川、汝南至汝阴襄信县入淮。淮极，地名。"《海内经附传》："天息即翼望山。梁，县名。汉、晋《地理志》并属河南郡，今汝州。勉乡即郾乡城，湍水象兔被蹄力拽之也。极西即期思，汉、晋为期思县。"②期思，郭璞曰："期思县属弋阳。"

汝水源自天息山，在梁勉乡的西南面，流入淮极西北。一说淮在期思的北面。

泾水出长城北山，山在郁郅、长垣北①，北入渭②，戏③北。

①郁郅、长垣，郭璞曰："皆县名也。"②北入渭，郭璞曰："今泾水出安定朝那县西笄头山，东南经新平、扶风至京兆高陵县入渭。"③戏，郭璞曰："地名，今新丰县也。"

泾水源自长城北山，山在郁郅、长垣的北面，向北流入渭水，戏的北面。

渭水出鸟鼠同穴山①，东注河，入华阴北。

①"渭水"句，郭璞曰："鸟鼠同穴山今在陇西首阳县，渭水出其东，经南安、天水、略阳、扶风、始平、京兆、弘农、华阴县入河。"

渭水从鸟鼠同穴山流出，向东注入黄河，流到华阴的北方。

白水①出蜀，而东南注江，入江州②城下。

①白水，郭璞曰："色微白浊，今在梓潼白水县，源从临洮之西西倾山来，经沓中，东流通阴平至汉寿县入潜。"《海内经附传》："今出松潘黄胜关外八十余里，东流入祥楚河，会嘉陵江，东南至重庆城下。"②江州，郭璞曰："江州县属巴郡。"

白水源自蜀，向东南流注入江，流入江州城下。

沅水山出象郡镡城<sup>①</sup>西，入东注江，入下隽<sup>②</sup>西，合洞庭中<sup>③</sup>。

①象郡镡(xín)城，郭璞曰："象郡今日南也。镡城县今属武陵。"②下隽，郭璞曰："下隽县今属长沙。"《海内经附传》："下隽，今鹿角司，地在湖东，西对沅口。"③合洞庭中，郭璞曰："《水经》曰，沅水出牂牁且兰县，又东北至镡城县，为沅水。又东过临沅县南，又东至长沙下隽县。"《海内经附传》："大江自虎渡、调弦诸口分流入洞庭，故言合。"

**译文**

沅水源自象郡镡城西，向东注入江，流入下隽西，合入洞庭湖。

赣水出聂都<sup>①</sup>东山，东北注江，入彭泽西。

①聂都，《海内经附传》："今桂阳县水曲似聂耳。"

**译文**

赣水从聂都东山流出，向东北流入江中，流到彭泽的西边。

郁水出象郡<sup>①</sup>，而西南注南海，入须陵东南。

①郁水出象郡，《海内经附传》："盘江南源，出云南临安府，在开化府西。开化，古象郡；临安，则比景县地也。"

**译文**

郁水从象郡流出，向西南流进南海，流入须陵的东南面。

洛水<sup>①</sup>出洛西山，东北注河，入成皋西。

**注释**

①洛水，郭璞曰："《书》云：'道洛自熊耳。'按《水经》，洛水今出上洛冢岭

山,东北经弘农至河南巩县入河。成皋县亦属河南也。"

洛水从洛西山流出,向东北注入河中,流入成皋的西边。

汾水①出上窳②北,而西南注河,入皮氏③南。

①汾水,郭璞曰:"今汾水出太原晋阳,故汾阳县,东南经晋阳,西南经河西平阳,至河东汾阴入河。"②上窳,《海内经附传》:"器漏曰窳。上窳即管涔山也。"③皮氏,郭璞曰:"皮氏县属平阳。"

汾水从上窳北流出,向西南注入河中,流入皮氏的南边。

潦水①出卫皋②东,东南注渤海,入潦阳③。

①潦水,郭璞曰:"出塞外卫皋山。玄菟高句骊县有潦山,小潦水所出。西河注大潦。"②卫皋,《海内经附传》:"卫皋即多伦泊,上都河水形如周卫也。"③潦阳,郭璞曰:"潦阳县属潦东。"

潦水从卫皋东流出,向东南注入渤海,流入潦阳。

虖沱水出晋阳城南,而西至阳曲北①,而东注渤海,入越章武②北。

①"虖沱"两句,郭璞曰:"经河间乐城东北注渤海也。晋阳、阳曲县皆属太原。"《海内经附传》:"晋阳,今马邑乡,在晋水之阳也。汉人于太原置晋阳,失其实矣。"②章武,郭璞曰:"郡名。"

虖沱水从晋阳城南流出,向西至经阳曲的北边,向东注入渤海,流过章武郡的北方。

漳水出山阳东，东注渤海，入章武南①。

①"漳水"三句，郭璞曰："新城汵阴县亦有漳水。"《海内经附传》："章武，今静海县，古漳水自五氏绝河，东北出为灅水，北至浮阳东南，出为钩盘河而东北入海也。"

漳水从山阳的东面流出，向东注入渤海，流入章武的南方。

《海内东经》主要介绍了海内东北角往南方向各个山势、水脉的走向，表现出我国壮丽的大好河山，也表达了作者对祖国山水的热爱之情。

文章在写山水的时候，提到了很多的江河湖海和山川，并对山的位置进行了描述，体现了作者丰富的文化底蕴。山川河流纵横交错，作者聊聊几笔就写得生动有趣，表现出强大的空间想象能力。

我们应该从中认识到想要写好文章，必须要有扎实的基本功，而基本功的训练应从大量的阅读积累开始。

# 卷十四 大荒东经

# 大荒东经

东海之外大壑①,少昊之国。少昊孺②帝颛顼于此,弃其琴瑟③。有甘山者,甘水出焉,生甘渊④。

①"东海"句,郭璞曰:"《诗含神雾》曰:'东注无底之谷。'谓此壑也。《离骚》曰:'降望大壑。'"②孺,郝懿行曰:"《说文》云:'孺,乳子也。'《庄子·天运篇》云:'乌鹊孺。'盖育养之义也。"③弃其琴瑟,郭璞曰:"言其壑中有琴瑟也。"郝懿行曰:"此言少昊孺养帝颛顼于此,以琴瑟为戏弄之具而留遗于此也。"④生甘渊,郭璞曰:"水积则成渊也。"

东海的外面有一个巨大谷壑,是少昊国。少昊在这里养育颛顼,把他的琴瑟遗弃在这里。有一座甘山,甘水从这里流出,积水形成甘渊。

大荒东南隅有山,名皮母地丘。

大荒东南角有一座名字叫皮母地丘的山。

有大人之市,名曰大人之堂①。有一大人踆②其上,张其两耳。

①大人之堂,郭璞曰:"亦山名,形状如堂室耳。大人时集会其上作市肆也。"②踆,郭璞曰:"踆或作'俊',皆古'蹲'字。"

有大人的集市,名字叫作大人之堂。有一个大人蹲在上面,张开他的两只耳朵。

有神,人面兽身,名曰犁䰠①之尸。

①䰠,音 líng。

犁䰠之尸

有神长着人的脸和兽的身体,他的名字叫犁䰠之尸。

有滴山,杨水出焉。

有一座叫滴山的山,杨水从这里流出。

有中容之国。帝俊①生中容,中容人食兽、木实,使四鸟:豹、虎、熊、罴。

①俊,郭璞曰:"俊亦'舜'字假借音也。"

有一个叫中容的国家,帝俊生了中容,中容的人吃动物和树上的果实,驱使四种野兽:豹、虎、熊、罴。

有东口之山。有君子之国,其人衣冠带剑①。

**注释**

①"有君"两句,郭璞曰:"亦使虎豹,好谦让也。"

**译文**

有东口山。有君子国,这里的人穿衣戴帽带剑。

有司幽之国。帝俊生晏龙,晏龙生司幽,司幽生思士,不妻;思女,不夫①。食黍,食兽,是使四鸟。

**注释**

①"帝俊"六句,郭璞曰:"言其人直思感而气通,无配合而生子,此《庄子》所谓'白鹄相视,眸子不运而感风化'之类也。"

**译文**

有司幽国。帝俊生晏龙,晏龙生司幽,司幽生思士,不娶妻;生思女,不嫁人。吃黍,也吃兽类,驱使四种兽。

有大阿之山者。

**译文**

有大阿山。

大荒中有山名曰明星,日月所出。

**译文**

大荒中有一座山名叫明星,是日月升起的地方。

有白民之国。帝俊生帝鸿,帝鸿生白民,白民销姓,黍食,使四鸟:虎、豹、熊、罴。

**译文**

有白民国。帝俊生帝鸿,帝鸿生白民,白民姓销,吃黍,驱使四种兽:虎、豹、熊、罴。

有青丘之国,有狐,九尾①。

 注释

①有狐,九尾:郭璞曰:"太平则出而为瑞也。"

 译文

青丘国里有长着九条尾巴的狐狸。

有神人,八首人面,虎身十尾,名曰天吴①。

 注释

①天吴,郭璞曰:"水伯。"

 译文

有神人,他的八个头都是人脸,但有老虎的身体还有十条尾巴,名叫天吴。

大荒之中有山,名曰鞠陵于天、东极、离瞀①,日月所出。名曰折丹②,东方曰折③。来风④曰俊,处东极以出入风⑤。

 注释

①鞠陵于天、东极、离瞀,郭璞曰:"三山名也。"②折丹,郭璞曰:"神人。"郝懿行曰:"'名曰折丹'上疑脱'有神'二字。"③东方曰折,郭璞曰:"单吁之。"郝懿行曰:"吁当为呼,字之讹。"谓"折丹"二字单呼"折"字。④来风,郭璞曰:"未详来风所在也。"下文有"来风曰俊",又有"来之风曰狻",不知是否其神能招来风的意思。⑤"处东"句,郭璞曰:"言此人能节宣风气,时其出入。"

折丹

 译文

大荒之中,有山名叫鞠陵于天、东极、离瞀,是日月升起的地方。名叫折丹,东方叫折。来风叫俊,在东极风出入的地方。

有招摇山,融水出焉。有国曰玄股[1],黍食,使四鸟。

①玄股,郭璞曰:"自髀以下如漆。"

有一座招摇山,融水从这里流出。有一个叫玄股的国家,这里的人吃黍,驱使四种兽。

有困民国,勾姓而食[1]。有人曰王亥,两手操鸟,方食其头。王亥托于有易、河伯仆牛[2]。有易杀王亥,取仆牛[3]。河念有易,有易潜出,为国于兽,方食之,名曰摇民[4]。帝舜生戏,戏生摇民。

①勾姓而食,郝懿行曰:"'勾姓'下、'而食'上,当有阙脱。"②河伯仆牛,郭璞曰:"河伯、仆牛,皆人姓名。托,寄也。见《汲郡竹书》。"③"有易"两句,郭璞曰:"《竹书》曰:'殷王子亥宾于有易而淫焉,有易之君绵臣杀而放之。是故殷主甲微假师于河伯以伐有易,灭之,遂杀其君绵臣也。'汪绂曰:'据此则仆牛即王亥所淫者。'"④"河念"五句,郭璞曰:"言有易本与河伯友善,上甲微殷之贤王,假师以义伐罪,故河伯不得不助灭之。既而哀念有易,使得潜化而出,化为摇民国。"按,本节旧从郭璞注,以仆牛为人名,终难说

王亥

通。近代学者王国维《殷卜辞中所见先公先王考》又提出仆牛即服牛(驯养的牛),这样,故事就成了有易、河伯、王亥之间由牛引发的命案。相比之下,这个说法稍微合理一点,但王国维的考证太长,所以这里取郭璞等人的注释而用王国维的意思释文。

有困民国,姓勾,吃黍。有人叫王亥,两手拿着鸟,正吃它的头。王亥把他养的牛托付给有易、河伯。有易杀了王亥,拿了他的牛。河伯同情有易,让他潜逃出走,在兽类的地方立国,他们吃野兽的肉,国家名叫摇民。帝舜生戏,戏生摇民。

海内有两人,名曰女丑①。女丑有大蟹②。

①女丑,郭璞曰:"即女丑之尸,言其变化无常也。然则一以涉化津而遯神域者,亦尤往而不之,触感而寄迹矣。范蠡之伦,亦闻其风者也。"②大蟹,郭璞曰:"广千里也。"

**译文**

海内有两个人,名叫女丑。女丑有大蟹。

大荒之中,有山名曰孽摇頵①羝,上有扶木,柱三百里,其叶如芥②。有谷,曰温源谷③。汤谷上有扶木④。一日方至,一日方出⑤,皆载于乌⑥。

①頵,音 yūn。②其叶如芥,郭璞曰:"柱犹起高也。叶似芥菜。"③温源谷,郭璞曰:"温源即汤谷也。"④"汤谷"句,郭璞曰:"扶桑在上。"⑤"一日"两句,郭璞曰:"言交会相代也。"⑥乌,郭璞曰:"中有三足乌。"

**译文**

大荒之中,有山名叫孽摇頵羝,山上有扶木,高三百里,叶子像芥。有谷叫温源谷。汤谷上有扶木。一个太阳刚落下,一个太阳就升起,都载在乌的身上。

有五采之鸟,相乡弃沙①。惟帝俊下友。帝下两坛,采鸟是司②。

五采鸟

①沙,郭璞曰:"未闻'沙'义。"郝懿行曰:"沙疑与'娑'同,鸟羽娑娑然也。"②"帝下"两句,郭璞曰:"言山下有舜二坛,五采鸟主之。"

有五采鸟，相向而舞。只有帝俊与它结交。山下有帝俊的两个神坛，由五采鸟掌管。

大荒之中，有山名猗天苏门，日月所生。有壎①民之国。

①壎，音 xun。

大荒之中，有山名叫猗天苏门，是日月升起的地方。有壎民国。

大荒东北隅中，有山名曰凶犁土丘。应龙①处南极，杀蚩尤②与夸父，不得复上③。故下数旱④，旱而为应龙之状，乃得大雨⑤。

①应龙，郭璞曰："龙有翼者也。"②蚩尤，郭璞曰："作兵者。"③不得复上，郭璞曰："应龙遂住地下。"④故下数旱，郭璞曰："上无复作雨者故也。"⑤"旱而"两句，郭璞曰："今之上龙本此。气应自然冥感，非人所能为也。"

应龙

大荒东北角中，有山名叫凶犁土丘。应龙在南极，杀了蚩尤和夸父，不能再上天。所以下面总是干旱，遇旱就画应龙的图形，便能得到大雨。

东海中有流波山，入海七千里。其上有兽，状如牛，苍身而无角，一足，出入水则必风雨，其光如日月，其声如雷，其名曰夔。黄帝得之，以其皮为鼓，橛以雷兽①之骨，声闻五百里，以威天下。

**注释**

①雷兽，郭璞曰："雷兽即雷神也，人面龙身，鼓其腹者。橛犹击也。"

**译文**

东海中有一座流波山，深入海中七千里。山上有一种兽，外表像牛，但身体是青黑色，没有角，只有一只脚，进出水中必定带来风雨，它发出的光像日月，它的声音像雷，它的名字叫夔。黄帝得到了它，用它的皮做鼓，用雷兽的骨头来打鼓，五百里之外都能听到声音，用来威慑天下。

精华赏析

  《大荒东经》对东荒的国家、山水、神仙、野兽等做了介绍，给读者创造了一个充满神话色彩的东荒世界，表现出作者丰富的想象力和奇妙的构思。

  文章使用了大量的外貌描写，特别是在写神奇的生灵时，这样可以让事物的形象更加具体，便于读者理解。

  文章用细致的描写手法，把每个国家的人和人们的生活习惯写得非常详细，仿佛亲眼所见一般。比如写王亥时，他两手拿鸟，吃鸟头的样子仿佛就在眼前。

# 卷十五 大荒南经

# 大荒南经

南海之外，赤水之西，流沙之东①，有兽，左右有首，名曰跊踢②。有三青兽相并，名曰双双。

①"赤水"两句，郭璞曰："赤水出昆仑山，流沙出钟山也。"②跊(chù)踢，郭璞曰："出狄名国。"郝懿行曰："狄名国未详所在。疑本在经内，今逸也。"

跊踢

译文

南海的外面，赤水的西面，流沙的东面，有一种兽，它的左右两边各有一个头，名叫跊踢。有三只青兽身体连在一起，名叫双双。

有巫山者，西有黄鸟，帝药八斋①。黄鸟于巫山，司此玄蛇②。

注释

①帝药八斋，郭璞曰："天帝神仙药在此也。"②"黄鸟"两句，郭璞曰："言主之也。"

译文

有一座叫巫山的山，它的西面有黄鸟，还有天帝贮藏仙药的八间屋子。

黄鸟在巫山，掌管这里的玄蛇。

玄蛇

大荒之中，有不庭之山，荣水穷焉。有人三身，帝俊妻娥皇，生此三身之国①，姚姓②，黍食，使四鸟。有渊四方，四隅皆达③，北属④，黑水，南属大荒，北旁名曰少和之渊，南旁名曰从渊，舜之所浴也。

①"有人"三句，郭璞曰："盖后裔所出也。"②姚姓，郭璞曰："姚，舜姓也。"③四隅皆达，郭璞曰："言渊四角皆旁通也。"④属，郭璞曰："犹连也。"

**译文**

大荒之中，有不庭山，荣水在这里终结。有人长着三个身体，帝俊的妻子娥皇生了这三身国的人，姓姚，吃黍，驱使四种兽。有渊呈方形，四个角都通，向北连接黑水，向南连接大荒，北部名叫少和渊，南部名叫从渊，是舜洗澡的地方。

又有成山，甘水穷焉。有季禺之国，颛顼之子①，食黍。有羽民之国，其民皆生毛羽。有卵民之国，其民皆生卵②。

①颛顼之子，郭璞曰："言此国。人颛顼之裔子也。"②其民皆生卵。郭璞曰："即卵生也。"

**译文**

又有成山，甘水在这里终结。有季禺国，是颛顼的后代，吃黍。有羽民国，这里的人都长羽毛。有卵民国，这里的人都生蛋。

大荒之中，有不姜之山，黑水①穷焉。又有贾山，汔②水出焉。又有言山。又有登备之山③。有恝恝④之山。又有蒲山，澧水出焉。又有隗山，其西有丹，其东有玉。又南有山，漂水出焉。有尾山。有翠山⑤。

**注释**

①黑水，郭璞曰："黑水出昆仑山。"②汔，音 qì。③登备之山，郭璞曰："即登葆山，群巫所从上下者也。"④惄，音 qì。⑤翠山，郭璞曰："言此山，有翠鸟也。"

**译文**

大荒之中，有不姜山，黑水在这里终结。又有贾山，汔水在这里发源。又有言山。又有登备之山。还有座惄惄山。又有蒲山，澧水在这里发源。又有隗山，它的西面有丹，东面产玉。又南面还有山，漂水在这里发源。有尾山。有翠山。

有不死之国，阿姓，甘木①是食。

**注释**

①甘木，郭璞曰："甘木即不死树，食之不老。"

**译文**

有不死国，国民姓阿，把甘木当作食物。

大荒之中，有山名曰去痓①。南极果，北不成，去痓果。

**注释**

①痓，音 chì。

**译文**

在大荒之中，有一座山名叫去痓山。南极果，北不成，去痓果。

有载民之国①。帝舜生无淫，降载处，是谓巫载民。巫载民肦②姓，食谷。不绩不经，服也③；不稼不穑，食也④。爰有歌舞之鸟，鸾鸟自歌，凤鸟自舞。爰有百兽，相群爰处。百谷所聚。

**注释**

①载民之国，郭璞曰："为人黄色。"②肦，音 fén。③"不绩"两句，郭璞

曰："言自然有布帛也。"④"不稼"两句,郭璞曰："言五谷自生也。种之为稼,收之为穑。"

有载民国。帝舜生无淫,住在载,成为巫载民。巫载民姓肦,吃谷类,不纺不织却有衣服穿,不种不收却有粮食吃。这里有能歌舞的鸟,鸾鸟自在地歌唱,凤鸟自在地起舞。这里有各种兽类,成群而居。各种谷物在这里汇聚。

有人曰凿齿,羿杀之①。

①杀之,郭璞曰："射杀之也。"

有一个人名叫凿齿,羿杀了他。

有小人,名曰焦侥之国①,幾姓,嘉谷是食。

焦侥国

①焦侥(yáo)之国,郭璞曰："皆长三尺。"

有一种小人,名字叫作焦侥国,姓幾,以嘉谷为食。

大荒之中,有山名歺①涂之山,青水②穷焉。有云雨之山,有木名曰栾。禹攻云雨③,有赤石焉生栾④,黄本,赤枝,青叶,群帝焉取药⑤。

①歺,音xiǔ。②青水,郭璞曰："青水出昆仑。"③攻,郭璞曰："攻谓槎伐其林木。"槎,砍、斫。④"有赤"句,郭璞曰："言山有精灵,复变生此木于赤石

之上。"⑤"黄本"四句,郭璞曰:"言树花实皆为神药。"

大荒之中,有一座山名叫歽涂山,青水穷尽于此。有一座云雨山,那里长着名叫栾的树。禹砍伐云雨山上的树林,有红色石头上长出了栾,栾树有黄色的根,红色的枝,青色的叶,天帝取它做药。

大荒之中,有人名曰驩头。鲧妻士敬,士敬子曰炎融,生驩头。驩头人面鸟喙,有翼,食海中鱼,杖翼而行①。维宜芑、苣、穋、杨是食②。有驩头之国。

**注释**

①杖翼而行,郭璞曰:"翅不可以飞,倚杖之用行而已。"②"维宜"句,郭璞曰:"管子说地所宜云,其种穋、杞、黑黍,皆禾类也。苣,黑黍。今字作禾旁。"

大荒之中,有名叫驩头的人。鲧的妻子是士敬,士敬的儿子叫炎融,生了驩头。驩头长着人的脸、鸟的嘴,有翅膀,吃的是海里的鱼,倚靠翅膀当作拐杖行走。也吃芑、苣、穋、杨。有个国家叫驩头国。

东南海之外,甘水之间,有羲和之国。有女子名曰羲和,方日浴于甘渊①。羲和者,帝俊之妻,生十日②。

**注释**

①"有女"两句,郭璞曰:"羲和盖天地始生,主日月者也。故《启筮》曰:'空桑之苍苍,八极之既张,乃有夫羲和,是主日月,职出入,以为晦明。'又曰:'瞻彼上天,一明一晦,有夫羲和之子,出于旸谷。'故尧因此而立羲和之官,以主四时,其后世遂为此国。作日月之象而掌之,沐浴运转之于甘水

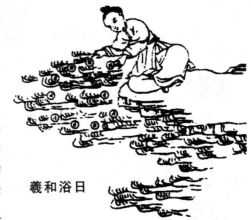

羲和浴日

中,以效其出入旸谷虞渊也,所谓世不失职耳。"②生十日,郭璞曰:"言生十子各以日名之,故言生十日,数十也。"

东南海之外、甘水之间，有个国家叫羲和。有个叫羲和的女人，在甘渊为太阳沐浴。羲和是帝俊的妻子，生了十个太阳。

有南类之山，爰有遗玉、青马、三骓、视肉、甘华，百谷所在。

南类山里有遗玉、青马、三骓、视肉、甘华，是百谷生长之地。

　　《大荒南经》介绍了南荒千奇百怪的生物、神奇的树木和山水等，这里的一切都超脱了尘世，却处处都有现实的影子，不管那些神奇的生物多么奇怪，他们也会像人一样要吃东西、要洗澡、要休息，正是因为他们有生活的气息，才会有趣。所以，任何形式的文学创作都是来源于生活的。

　　文章荒诞不羁的想象满足了当时人们对神的幻想，同时也反映人们精神世界空虚、社会文明落后的现状。作者在创造这些奇怪的有特异功能的生物时，其实是把自己对想法融入作品中，比如巫载民不用劳作就有吃有穿，只因为他是帝舜的后人，即便犯错被贬了也不愁吃穿，表现了社会的不公。

# 卷十六 大荒西经

# 大荒西经

西北海之外，大荒之隅，有山而不合，名曰不周负子，有两黄兽守之。有水曰寒暑之水。水西有湿山，水东有幕山。有禹攻共工国山②。

**注释**

①不周负子，郭璞曰："《淮南子》曰：'昔者共工与颛顼争帝，怒而触不周之山，天维绝，地柱折。'故今此山缺坏不周币也。"②"有禹"句，郭璞曰："言攻其围，杀其臣相柳于此山。《启筮》曰：'共工人面，蛇身，朱发'也。"

**译文**

西北海的外面，大荒的角落里，有山却不围合，这山的名字叫不周负子，有两只黄色的野兽守卫着。有水名叫寒暑水。水的西面有湿山，水的东面有幕山。禹攻打共工国的地方也在这里。

石夷

有人名曰石夷，来风曰韦，处西北隅，以司日月之长短①。有五采之鸟，有冠，名曰狂鸟②。

**注释**

①"处西"句，郭璞曰："言察日月暑度之节。"②狂鸟，郭璞曰："《尔雅》云：'狂，梦鸟。'即此也。"

有一个名叫石夷的人，来风叫韦，在西北角掌管日月暑度之节。有一种五彩的鸟，头上长着冠，名叫狂鸟。

西北海之外，赤水之东，有长胫之国①。

①长胫之国，郭璞曰："脚长三丈。"

西北海的外面，赤水的东面，有一个国家叫长胫国。

西北海之外，赤水之西，有先民之国，食谷，使四鸟。有北狄之国。黄帝之孙曰始均，始均生北狄。有芒山。有桂山。有榣①山。其上有人，号曰太子长琴。颛顼生老童②，老童生祝融③，祝融生太子长琴，是处榣山，始作乐风④。有五采鸟三名：一曰皇鸟，一曰鸾鸟，一曰凤鸟。有虫状如菟，胸以后者裸不见⑤，青如猨状⑥。

①榣，音yáo。②颛顼生老童，郭璞曰："《世本》云：'颛顼娶于滕瑣氏，谓之女禄，产老童也。'"③祝融，郭璞曰："即重黎也，高辛氏火正，号曰祝融也。"④乐风，歌曲。⑤"胸以"句，郭璞曰："言皮色青，故不见其裸露处。"⑥青如猨状，郭璞曰："状又似猿。"

西北海之外，赤水的西面，有先民国，吃谷类，驱使四种兽。有北狄国。黄帝的孙子叫始均，始均生北狄。有芒山。有桂山。有榣山。山上有人，号太子长琴。颛顼生老童，老童生祝融，祝融生太子长琴，住在榣山，他发明了乐风。有五采鸟，鸟有三个名字：一叫皇鸟，一叫鸾鸟，一叫凤鸟。有虫形状像兔子，胸以后的裸露部分看不见，青色，像猿。

北狄

西有王母之山、壑山、海山①。有沃之国②，沃民是处。沃之野，凤鸟之卵是食，甘露是饮。凡其所欲，其味尽存。爰有甘华、甘柤、白柳、视肉、三骓、璇瑰③、瑶碧、白木④、琅玕、白丹、青丹⑤，多银、铁。鸾凤自歌，凤鸟自舞，爰有百兽，相群是处，是谓沃之野。有三青鸟，赤首黑目，一名曰大鵹，一名少鵹，一名曰青鸟⑥。有轩辕之台，射者不敢西向射，畏轩辕之台。

①"西有"句，郭璞曰："皆群大灵之山。"②沃之国，郭璞曰："言其土饶沃也。"③璇瑰，璇又通作"琁""瓊""璿"，郭璞曰："璇瑰亦玉名。"《石雅·琳琅》："《穆天子传》称枝斯璇瑰出于采石之山，《山海经·大荒西经》称璇瑰、碧瑶出于王母之山，《大荒北经》谓皆出卫于山，亦犹西北地也。璿瑰即瓊瑰，是瓊瑰与玛瑙产地正同，而瓊瑰犹当与西胡玛瑙珠为近。"④白木，郭璞曰："树色正白。今南方有文木，亦黑木也。"⑤青丹，郭璞曰："又有黑丹也。《孝经援神契》云：'王者德至山陵而黑丹出。'然则丹者别是彩名，亦犹黑白黄皆云丹也。"⑥"有三"五句，郭璞曰："皆西工母所使也。"

西方有王母山、壑山、海山。有沃国，沃民生活在这里。沃野，凤鸟的蛋可以吃，甘露可以喝。凡是好吃的东西，这里应有尽有。这里有甘华、甘柤、白柳、视肉、三骓、璇瑰、瑶碧、白木、琅玕、白丹、青丹，多产银、铁。鸾凤自在地歌唱，凤鸟自在地起舞，这里百兽群居，和睦相处，称为沃野。有三只青鸟，红头黑眼，一只名叫大鵹，一只名叫少鵹，一只名叫青鸟。有轩辕台，射箭的人不敢向西射，因为畏惧轩辕台。

大荒之中，有龙山，日月所入。有三泽水，名曰三淖，昆吾之所食也。有人衣青，以袂①蔽面，名曰女丑之尸。

①袂，袖子。

在大荒之中有一座龙山，是日月落下的地方。三泽水名叫三淖，昆吾在这里觅食，有一个穿青色的衣服的人，用袖子遮着自己的脸，名叫女丑之尸。

有女子之国①。

**注释**

①郭璞曰："王颀至沃沮国，尽东界，问其耆老，云：'国人尝乘船捕鱼遭风，见吹数十日，东一国，在大海中，纯女无男。'即此国也。"

**译文**

有女子国。

有桃山。有宝①山。有桂山。有于土山。

**注释**

①宝(méng)，同蝱。

**译文**

有桃山。有宝山。有桂山。有于土山。

有丈夫之国①。

**注释**

①丈夫之国，郭璞曰："其国无妇人也。"

**译文**

有丈夫国。

有𢐗州之山，五采之鸟仰天①，名曰鸣鸟。爰有百乐歌儛之风②。

**注释**

①仰天，郭璞曰："张口嘘天。"②"爰有"句，郭璞曰："爰有百种伎乐歌儛风曲。"

在弇州山中，五采鸟抬头仰天长鸣，这种鸟名叫鸣鸟。这里有上百种歌舞乐曲。

西海陼中，有神人面鸟身，珥两青蛇，践两赤蛇，名曰弇[①]兹。

弇兹

**注释**

①弇，音 yān。

**译文**

西海陼中，有一个长着人的脸和鸟的身体的神，耳朵上戴两条青蛇，脚下踩着两条红蛇，他的名字叫弇兹。

大荒之中，有山名曰日月山，天枢也。吴姬天门，日月所入。有神，人面无臂，两足反属于头山[①]，名曰嘘。颛顼生老童，老童生重及黎[②]，帝令重献上天，令黎邛下地[③]，下地是生噎[④]，处于西极，以行日月星辰之行次[⑤]。

**注释**

①头山，郝懿行曰："'山'当为'上'字之讹。"②"老童"句，郭璞曰："《世本》云：'老童娶于根水氏，谓之骄福，产重及黎。'"③"帝令"两句，郭璞曰："古者人神杂扰无别，颛顼乃命南正重司天以属神，命火正黎司地以属民。重实上天，黎实下地。献、邛，义未详也。"俞樾《读山海经》："邛当作'卬'，隶变作'卬'，遂与卬我之卬无别，俗文加手作'抑'。"而俞释"抑"为治理，又以"献"为"仪"的通假，释为取法、效法，词语得解，但句义勉强。袁珂取"邛"为"抑"之说，又释"献"为举，遂使文义正与韦昭注《国语》"言重能举上天，黎能抑下地"相吻合，相对可取。④下地是生噎，郝懿行曰："此语难晓。《海内经》云：'后土生噎鸣。'此经与相涉，而文有阙脱，遂不复可读。"⑤"处于"句，郭璞曰："主察日月星辰之度数次舍也。"

大荒之中，有山名叫日月山，是天界的枢纽。吴姬天门，是日月进入的地方。有一个神，长着人的面孔，没有手臂，两脚反生在头上，名叫嘘。颛顼生老童，老童生重和黎，天帝令重上举天，令黎下压地，黎下压地后生了噎，住在西极，管理日月星辰的运行。

有池名孟翼①之攻颛顼之池。

①孟翼，郭璞曰："人姓名。"

嘘

有一个池子的名字叫孟翼之攻颛顼池。

有寒荒之国。有二人女祭、女薎①。

①薎，音 miè。

寒荒国里有两个人：女祭、女薎。

有人无首，操戈盾立，名曰夏耕之尸①。故成汤伐夏桀于章山②，克之，斩耕厥前。耕既立，无首，走厥咎，乃降于巫山。

①"有人"三句，郭璞曰："亦形天尸之类。"②于章，郭璞曰："山名。"

有一人没有头，拿着戈和盾站着，他的名字叫夏耕尸。当年成汤攻打夏桀就在于章山，获得了胜利，在那里斩杀了耕。耕又站了起来，却没了头，畏罪潜逃，就逃到了巫山。

有人名曰吴回，奇左，是无右臂①。

①"有人"三句,郭璞曰:"即奇肱也。吴回,祝融弟,亦为火正也。"

有一个人名叫吴回,他单单只有左臂,没有右臂。

　　有青鸟,身黄,赤足,六首,名曰鸀①鸟。有大巫山。有金之山。西南大荒之中隅,有偏句、常羊之山。

①鸀,音 chù。

　　有一种青鸟,身体是黄色的,脚是红色的,有六个头,名字叫鸀。有一座大巫山。还有一座金山。西南面大荒的中部,有偏句山、常羊山。

精华赏析

　　《大荒西经》对西荒的景象做了详细的介绍,涉及范围之广,内容之多,让人叹为观止。对于上古人类来说,这样写正好迎合了他们的口味,对于新世纪的人类来说,这样很有趣。

　　文正写了很多奇怪的生物,比如长着人的脸和鸟身体的弇兹,没有头的夏耕尸,没有右臂的吴回等,都体现出远古人类丰富的想象力。

# 卷十七 大荒北经

## 大荒北经

　　东北海之外，大荒之中，河水之间，附禺之山，帝颛顼与九嫔葬焉。爰有鸱久、文贝、离俞、鸾鸟、皇鸟、大物、小物。有青鸟、琅鸟、玄鸟、黄鸟、虎、豹、熊、罴、黄蛇、视肉、璿瑰、瑶碧，皆出卫于山①。丘方员三百里，丘南帝俊竹林在焉，大可为舟②。竹南有赤泽水，名曰封渊。有三桑无枝。丘西有沈渊，颛顼所浴。

【注释】

　　①郝懿行曰："古本'卫丘'连文，而以'皆出于山'四字相属，今本误倒其句耳。"意谓下文当作"卫丘山南帝俊竹林"，此句不当有"卫"字。②大可为舟，郭璞曰："言舜林中竹一节则可以为船也。"

【译文】

　　东北海的外面，大荒之中，河水之间，有一座附禺山，是帝颛顼和九嫔的陵墓。这里有鸱久、文贝、离俞、鸾鸟、皇鸟、大物、小物。有青鸟、琅鸟、玄鸟、黄鸟、虎、豹、熊、罴、黄蛇、视肉、璿瑰、瑶碧，都出在这座山上。卫丘方圆三百里，丘的南面是帝俊的竹林，竹子大得可以用来当船。竹林的南方有红色的泽水，名叫封渊。有三棵没有枝干的桑树。丘的西面有沈渊，是颛顼洗澡的地方。

　　有胡不与之国①，烈姓，黍食。

①胡不与之国，郭璞曰："一国复名耳，今胡夷语皆通然。"

**译文**

有一个国家叫胡不与国，姓烈，以黍为食。

琴虫

大荒之中，有山，名曰不咸。有肃慎氏之国①。有蜚蛭，四翼。有虫，兽首蛇身，名曰琴虫②。

①肃慎氏之国，郭璞曰："今肃慎国去辽东三千余里，穴居，无衣，衣猪皮，冬以膏涂体，厚数分，用却风寒。其人皆工射，弓长四尺，劲强。箭以楛为之，长尺五寸，青石为镝，此春秋时隼集陈侯之庭所得矢也。晋太兴三年平州刺史崔毖遗别驾高会，使来献肃慎氏之弓矢，箭镞有似铜骨作者。问云，转与海内国通得用此，今名之为挹娄国，出好貂、赤玉。岂从海外转而至此乎？《后汉书》所谓挹娄者是也。"②琴虫，郭璞曰："亦蛇类也。"

**译文**

大荒中有山，名叫不咸。有肃慎氏国。有蜚蛭，长着四个翅膀。有虫，长着兽的头，蛇的身体，名叫琴虫。

有人名曰大人。有大人之国，厘姓，黍食。有大青蛇，黄头，食麈①。有榆山。有鲧攻程州之山②。

①食麈，郭璞曰："今南方蚦蛇食鹿，鹿亦麈属也。"②鲧攻程州之山，郭璞曰："皆因其事而名物也。"

**译文**

有人名叫大人。有大人国，姓厘，吃黍。有大青蛇，黄色的头，吃麈。有榆山。有鲧攻程州山。

大荒之中,有山名曰衡天。有先民之山。有槃①木千里。

①槃,音 pan。

大荒之中,有山名叫衡天。有先民山。有槃木千里。

有叔歜①国。颛顼之子,黍食,使四鸟:虎、豹、熊、罴。有黑虫如熊状,名曰猎猎。

猎猎

①歜,音 chu。

有叔歜国。颛顼的后代,吃黍,驱使四种兽:虎、豹、熊、罴。有黑虫像熊,名叫猎猎。

有北齐之国,姜姓,使虎、豹、熊、罴。

有北齐国,姓姜,驱使虎、豹、熊、罴。

大荒之中,有山名曰先槛大逢之山,河济所入,海北注焉①。其西有山,名曰禹所积石。有阳山者。有顺山者,顺水出焉。

①"河济"两句,郭璞曰:"河济注海,已复出海外,入此山中也。"

大荒之中,有一座山名叫先槛大逢山,河济流入到这里,大海向北注入这里。它的西面有山,名叫禹所积石。有阳山。有顺山,顺水从这里流出。

有始州之国,有丹山<sup>①</sup>。

①丹山,郭璞曰:"此山纯出丹朱也。《竹书》曰:'和甲西征,得一丹山。'今所在亦有丹山,丹出土穴中。"

**译文**

有始州国，有丹山。

有大泽方千里,群鸟所解<sup>①</sup>。

①"有大"两句,郭璞曰:"《穆天子传》曰:'北至广原之野,飞鸟所解其羽,乃于此猎鸟兽,绝群,载羽百车。'《竹书》亦曰:'穆王北征,行流沙千里,积羽千里。'皆谓此泽也。"

**译文**

有一个大泽方圆千里，这是群鸟脱换羽毛的地方。

有毛民之国<sup>①</sup>,依姓,食黍,使四鸟。禹生均国,均国生役采,役采生修鞈<sup>②</sup>,修鞈杀绰人<sup>③</sup>。帝念之,潜为之国,是此毛民。

**注释**

①毛民之国,郭璞曰:"其人面体皆生毛。"②鞈,音 ge③绰人,郭璞曰:"人名。"

**译文**

有毛民国，姓依，吃黍，驱使四种兽。禹生均国，均国生役采，役采生修鞈，修鞈杀绰人。天帝思念他，暗中给他建了一国，就是这个毛民。

有儋耳之国<sup>①</sup>,任姓,禺号子,食谷北海之渚中<sup>②</sup>。有神,人面鸟身,珥两青蛇,践两赤蛇,名曰禺强。

①儋(dān)耳之国,郭璞曰:"其人耳大下儋,垂在肩上,朱崖儋耳,镂画其耳,亦以放之也。"②"食谷"句,郭璞曰:"言在海岛中种粟给食,谓禺强也。"

有个姓任的儋耳国,是禺号的后代,在北海渚中吃谷类。有个神,长着人脸鸟身,耳朵戴两条青蛇,脚下踩两条红蛇,名字叫禺强。

大荒之中,有山名曰北极天樻①,海水北注焉。有神,九首人面鸟身,名曰九凤。又有神衔蛇操蛇,其状虎首人身,四蹄长肘,名曰强良。

①樻(kui),别本或作樻。

儋耳国

译文

大荒之中,有山名叫北极天疆,海水从北面注入。有神,九个头,长着人的面孔和鸟的身体,名叫九凤。又有神嘴里叼着蛇,手中拿着蛇,长着虎头和人身,有四个蹄子,肘部很长,名叫强良。

大荒之中,有山名曰成都载天。有人珥两黄蛇,把两黄蛇,名曰夸父。后土生信,信生夸父。夸父不量力,欲追日景,逮之于禺谷①。将饮河而不足也,将走大泽,未至,死于此。应龙已杀蚩尤,又杀夸父②,乃去南方处之,故南方多雨③。

注释

①禺谷,郭璞曰:"禺渊,日所入也,今作'虞'。"②又杀夸父,郭璞曰:"上云夸父不量力,与日竞而死,今此复云为应龙所杀,死无定名,触事而寄,明其变化无方,不可揆测。"③"乃去"两句,郭璞曰:"言龙水物,以类相感故也。"

大荒之中，有山名叫成都栽天。有人耳戴两条黄蛇，手拿两条黄蛇，名叫夸父。后土生信，信生夸父。夸父不自量力，想追太阳，追到禺谷。想喝河水却不够，又想到大泽去，没有走到，死在了这里。应龙已经杀了蚩尤，又杀了夸父，就去南方呆着，所以南方多雨。

又有无肠之国，是任姓，无继子①，食鱼。

①无继子，郭璞曰："继亦当作骨，谓膞肠也。"

又有无肠之围，任姓，无继的后代，吃鱼。

共工之臣名曰相繇①，九首蛇身，自环，食于九土。其所歍所尼②，即为源泽，不辛乃苦，百兽莫能处。禹湮洪水，杀相繇③，其血腥臭，不可生谷，其地多水，不可居也④。禹湮之，三仞三沮⑤，乃以为池，群帝因是以为台⑥。在昆仑之北。

①相繇，郭璞曰："相柳也，语声转耳。"②歍(wo)，呕，即呕吐；尼，停、止。③"禹湮"两句，郭璞曰："禹塞洪水，由以溺杀之也。"④"具血"四句，郭璞曰："言其膏血滂流，成渊水也。"⑤"禹湮"两句，郭璞曰："言禹以土塞之，地陷坏也。"⑥"群帝"句，郭璞曰："地下宜积土，故众帝因来在此共作台。"

共工的臣予名叫相繇，有九个头和蛇的身体，自相盘旋，在九土觅食。它的呕吐物化作源泽，不是辣的就是苦的，百兽都无法在那里生活。禹治洪水，杀了相繇，它的血腥臭，污染的土地不能种庄稼，那地方有许多水，不能居住。禹用土填，多次都没有成功，于是改成了池塘，天帝们就在池边建了台。在昆仑的北面。

有岳之山，寻①竹生焉。

①寻,郭璞曰:"大竹名。"

有一座山叫岳山,寻竹在这里生长。

大荒之中,有山名曰不句,海水入焉。

译文

大荒之中,有一座山名叫不句,这是海水流入的地方。

有人方食鱼,名曰深目民之国,盼①姓,食鱼。

注释

①盼(fēn),郭璞曰:"亦胡类,但眼绝深,黄帝时姓也。"

译文

有人正在吃鱼,名叫深目民国,姓盼,以鱼为食。

大荒之中,有衡石山、九阴山、洞野之山,上有赤树,青叶,赤华,名曰若木①。

①若木,郭璞曰:"生昆仑西附西极,其华光赤下照地。"

译文

大荒之中,有衡石山、九阴山、洞野山,山上长着一种红色的树,长着青色的叶子,红色的花,树的名字叫若木。

西北海之外,赤水之北,有章尾山。有神,人面蛇身而赤①,直目正乘,其瞑乃晦,其视乃明②,不食不寝不息,风雨是谒。是烛九阴③,是谓烛龙。

①"有神"两句,郭璞曰:"身长千里。"②"其瞑"两句,郭璞曰:"言视为昼,眠为夜也。"③是烛九阴,郭璞曰:"照九阴之幽阴也。"

**译文**

西北海的外面，赤水的北面，有座章尾山。有个神，长着人面蛇身，却是红色的，眼睛竖在中间，他闭眼就是夜晚，睁眼就是白天，他不吃不睡不呼吸，能招来风雨。能照亮九阴，所以被称为烛龙。

烛龙

**精华赏析**

《大荒北经》主要介绍了北荒的基本情况，北荒不仅有大好的河山、品种繁多的飞禽走兽，还有很多的部落、民族。作者使用大量的描写的手法，把长相奇怪的生物写得生动有趣。

文中夸父逐日的故事已经成为人们口口相传的经典，表现了夸父敢于同自然抗争的精神。随着时代的推移，夸父逐日的故事被多次改编，可见文中荒诞不羁的想象是非常受人们欢迎的。

文章不仅仅只是为了写奇闻怪谈，也表达了作者的情感。比如写大禹杀死相繇，大快人心，表达了作者对恶势力的批判和对英雄的敬仰。

# 卷十八 海内经

# 海内经

东海之内,北海之隅,有国名曰朝鲜①、天毒,其人水居,偎②人爱之。

①朝鲜,郭璞曰:"今乐浪郡也。"②偎,郭璞曰:"偎亦爱也。"

**译文**

东海之内,北海的角落里,有名叫朝鲜、天毒的国家,这里的人住在水里,待人友爱。

流沙之东,黑水之间,有山名不死之山①。

①不死之山,郭璞注:"即员丘也。"

**译文**

流沙的东边,在黑水之间,有一座山,名叫不死山。

华山青水之东,有山名曰肇山,有人名曰柏高①,柏高上下于此,至于天。

**注释**

①柏高,郭璞曰:"柏子高,仙者也。"

华山青水的东面，有一座叫肇山的山，这里有一个人名叫柏高，柏高在这里上下往返，能到达天上。

南海之外，黑水青水之间，有木名曰若木[1]，若水出焉。有禺中之国。有列襄之国。有灵山，有赤蛇在木上，名曰蝡[2]蛇，木食。

①若木，郭璞曰："树赤华青。"②蝡，音ruǎn。

蝡蛇

南海的外面，黑水青水之间，有种树叫若木，若水从这里流出。有禺中国。有列襄国。灵山里有以木为食的叫蝡蛇的红蛇盘在树上。

有盐长之国。有人焉鸟首，名曰鸟氏[1]。

①鸟氏，郭璞曰："今佛书中有此人，即鸟夷也。"

有一个盐长国的国家。有人长着鸟头，他的名字叫鸟氏。

又有朱卷之国。有黑蛇，青首，食象[1]。

①"有黑"三句，郭璞曰："即巴蛇也。"

又有一个朱卷国。有一种黑色的蛇，长着青色的头，能吃大象。

南方有赣巨人，人面长臂，黑身有毛，反踵，见人笑亦笑，唇蔽其面，因即逃也。

 **注释**

①赣巨人，郭璞曰："即枭阳也。"

**译文**

南方有赣巨人，长着人的面孔，手臂很长，身体黑色有毛，脚跟反向而长，见人笑也跟着笑，嘴唇遮住面孔，借机逃跑。

南海之内有衡山①。有菌山。有桂山②。有座山叫三天子之都。

**注释**

①衡山，郭璞曰："南岳。"②"有菌"两句，郭璞曰："或云衡山有菌桂，桂员似竹，见《本草》。"

**译文**

南海之内有衡山。有菌山。有桂山。有山的名字叫三天子都。

南方苍梧之丘，苍梧之渊，其中有九嶷山，舜之所葬，在长沙零陵界中①。

**注释**

①"南方"五句，郭璞曰："山今在零陵营道县南，其山九溪皆相似，故云九疑。古者总名其地为苍梧也。"

**译文**

南方的苍梧丘，苍梧渊，其中有九嶷山，是舜的墓葬之地，在长沙零陵地界之中。

北海之内，有反缚盗械①、带戈常倍之佐，名曰相顾之尸②。

**注释**

①盗械，刑具。②相顾之尸，郭璞曰："亦贰负臣危之类。"汪绂曰："文法

古奥不可解。"指"带戈常倍之佐"六字而言。

**译文**

北海之内，有人反绑着刑具带着兵器图谋叛乱的臣子，名字叫相顾尸。

伯夷父①生西岳，西岳生先龙，先龙是始生氐羌，氐羌乞姓。

**注释**

①伯夷父，郭璞曰："伯夷父，颛顼师，今氐羌其苗裔也。"

相顾之尸

**译文**

伯夷父生了西岳，西岳生了先龙，先龙生了氐羌，氐羌姓乞。

有钉灵之国，其民从厀已下有毛，马蹄，善走①。

**注释**

①"其民"三句，郭璞曰：《诗含神雾》曰：'马蹄自鞭其蹄，日行三百里。'

**译文**

有一个国家叫钉灵国，这里的人从膝盖以下长着很多毛，长着马蹄，擅长奔跑。

炎帝之孙伯陵，伯陵同吴权之妻阿女缘妇①，缘妇孕三年，是生鼓、延、殳②，始为侯③。鼓、延是始为锺④，为乐风。

**注释**

①"伯陵"句，郭璞曰："同犹通，言淫之也。吴权，人姓名。"②殳，音 shū。③侯，箭靶。④"鼓、延"句，郭璞曰：《世本》云：'毋句作磬，锤作锺。'"

**译文**

炎帝的孙子是伯陵，伯陵与吴权的妻子阿女缘妇私通，缘妇怀孕三年，生下鼓、延、殳，开始做箭靶，鼓、延首创了锺，创作了音乐。

黄帝生骆明,骆明生白马,白马是为鲧①。帝俊生禺号,禺号生淫梁,淫梁生番禺,是始为舟②。番禺生奚仲,奚仲生吉光,吉光是始以木为车③。少皞生般,般是始为弓矢④。帝俊赐羿彤弓素矰⑤,以扶下国,羿是始去恤下地之百艰⑥。帝俊生晏龙,晏龙是为琴瑟⑦。帝俊有子八人,是始为歌舞。帝俊生三身,三身生义均,义均是始为巧倕,是始作下民百巧。后稷是播百谷。稷之孙曰叔均,是始作牛耕。大比赤阴,是始为国。禹、鲧是始布土,均定九州。炎帝之妻,赤水之子听訞生炎居,炎居生节并,节并生戏器,戏器生祝融,祝融降处于江水,生共工,共工生术器,术器首方颠⑧,是复土穰⑨,以处江水。共工生后土,后土生噎鸣,噎鸣生岁十有二⑩。洪水滔⑪天,鲧窃帝之息壤⑫以堙洪水,不待帝命。帝令祝融杀鲧于羽郊。鲧复生禹⑬,帝乃命禹卒布土以定九州⑭。

①"黄帝"三句,郭璞曰:"即禹父也。《世本》曰:'黄帝生昌意,昌意生颛顼,颛顼生鲧。'"②"帝俊"四句,郭璞曰:"《世本》云:'共鼓货狄作舟。'"③"番禺"三句,郭璞曰:"《世本》云:'奚仲作车。'此言吉光,明其父子共创作意,是以互称之。"④"少皞"两句,郭璞曰:"《世本》云:'牟夷作矢。挥作弓。'弓矢一器,作者两人,于义有疑,此言般之作是。"⑤"帝俊"句,郭璞曰:"彤弓,朱弓。矰,矢名,以自羽羽之。《外传》:'白羽之矰,望之如荼'也。"⑥"羿是"句,郭璞曰:"言射杀凿齿、封豕之属也。有穷后羿慕羿射,故号此名也。"⑦"帝俊"两句,郭璞曰:"《世本》云:'伏羲作琴,神农作瑟。'"⑧方颠,郭璞曰:"头顶平也。"⑨是复土穰,郭璞曰:"复祝融之所也。"郝懿行曰:"穰当为壤,或古字通用。"⑩"噎鸣"句,郭璞曰:"生十二子,皆以岁名名之,故云然。"⑪滔,郭璞曰:"漫也。"⑫息壤,郭璞曰:"息壤者,言土自长息无限,故可以塞洪水也。《开筮》曰:'滔滔洪水,无所止极,伯鲧乃以启、石息壤以填洪水。'汉元帝时,临淮徐县地踊长五六里,高二丈,即息壤之类也。"⑬鲧复生禹,郭璞曰:"《开筮》曰:'鲧死三岁不腐,剖之以吴刀,化为黄龙'也。"⑭"帝乃"句,郭璞曰:"鲧绩用不成,故复命禹终其功。"

黄帝生了骆明,骆明生了白马,白马就是鲧。帝俊生了禺号,禺号生了淫梁,淫梁生了番禺,这才开始发明船。番禺生了奚仲,奚仲生了吉光,吉光开始用木头造车。少皞生了般,般开始发明弓箭。帝俊赐给羿朱红的弓和白羽箭，用来帮助下面的国家，羿于是去解决下方的各种困难。帝俊生了晏龙，晏龙发明了琴瑟，帝俊有八个儿子，这才开始创作歌舞。帝俊生了三身，三身生了义均，义均开始做巧倕，教给百姓各种技艺。后稷播种百谷。稷的孙子叫叔均，这才开始用牛耕作。大比赤阴开始建立国家。禹、鲧开始划分疆土，定为九州。炎帝的妻子，赤水的儿子听訞生了炎居，炎居生了节并，节并生了戏器，戏器生了祝融，祝融下住在江水，生了共工，共工生了术器，术器的头顶是平的，回到祝融的土地，住在江水。共工生了后土，后土生了噎鸣，噎鸣生了十二个儿子，分别以十二太岁命名。洪水滔天，鲧窃取了天帝的息壤用来堵塞洪水，事先没有得到天帝的同意。天帝令祝融把鲧杀死在羽郊。鲧死后生下禹，天帝便命禹最终划定疆土，定为九州。

精华赏析

《海内经》从东海以内，北海的角落写起，介绍了海内的国家、山势和水脉，这里每个国家的人都不一样，都长得很奇怪，但是在神话故事中却习以为常，表达了人们渴望被平等对待的愿望。

本文用神话故事告诉人们车子是怎么来的，弓和箭是谁创造的，琴和瑟是怎么来的，歌曲和舞蹈是怎么创造的……这样写既显得生动有趣，又迎合了人们的口味。

文中的乱臣贼子相顾尸，最后的结果是被反绑着戴刑具、带着戈，反映出人们对叛徒的憎恨，对美好品质的推崇。

## 读者感悟

当我刚刚拿到《山海经》这本书的时候，觉得里面又是古文，又有很多的生僻字，读起来肯定很费力。但是当我真正地静下心，对照注释认真读起来的时候，发现这本书越读越有趣，就算读起来吃力也不觉得了。

### 书中怪异的野兽很有趣

《山海经》之所以深受人们的喜爱，原因之一是里面记载了很多奇灵异兽，有些野兽长相奇怪但是没有攻击力；有些野兽叫声像婴儿哭，却会吃人；有些野兽的肉可以去病去灾；有些野兽会带来天灾；有的野兽会带来太平……这样千奇百怪的野兽能不有趣吗？

它们除了有趣以外，还引人深思：这些野兽是真的吗？如果是真的，为什么我没有见过？如果不是真的，为什么能写得这么生动有趣？其实它们是真是假并不重要，重要的是它们凝结了我国古代劳动人民丰富的想象力和惊人的智慧。

### 书中的神话故事很有趣

《精卫填海》《女娲补天》《夸父逐日》《嫦娥奔月》等经典寓言故事，均取材于《山海经》，这些故事不仅写得非常有趣，而且留给读者巨大的想象空间，是后人进行文学创作灵感的源泉。

### 书中丰富的想象很有趣

上古时代的人类由于文明落后，对很多自然现象没有正确的认识，于是就用丰富的想象力去编造神仙、神兽、神草等，来解释一些奇怪的自然现象，这样既能让他们的精神世界更加丰富，又能给后人留下珍贵的财富。

在原始的上古时代，人们能够写出这种包罗万象的奇书，体现出他们无穷的创造力和智慧。结合现实，我深深体会到创造力的重要性，它不仅是古代文明发展的动力，也是现代文明更近一层的源泉。

## 阅读拓展

《山海经》是一部充满着神奇色彩的著作，内容无奇不有，无所不包，蕴藏着丰富的地理学、神话学、民俗学、科学史、宗教学、民族学、医学等学科的宝贵资料，它的学术价值涉及多个学科领域，它大量地、有条序地记载了当时中国的自然地理要素及人文地理的内容，如山系、水文、动物、植物、矿藏、国家地理、经济、社会文化风俗等，细心钻研，深入探讨，就不愁没有新发现。

## 真题演练

### 一、选择题

1.《北山经》山系的第一座山叫（　　），山上有许多梡树，花草丰茂。
A. 橐山　B. 单孤山　C. 求如山　D. 带山

2. 太行山的第一座高大山峰叫（　　），山上蕴藏者大量的金属矿和玉石。
A. 归山　B. 王屋山　C. 天池山　D. 大尧山

3.（　　）中有一种名叫精卫的鸟，它常常衔西山的碎木和碎石来填埋东海。

　A. 发鸠山　B. 少山　C. 绣山　D. 维龙山

4.（　）其木多棕楠，多竹箭，其兽多㸲牛、羬羊，奇鸟多鷩，其阳多玉，其阴多铁。

　A. 囊山　B. 升山　C. 夸父山　D. 谷山

5.（　）国在穷山之际，其不寿者八百岁。在女子国北，人面蛇身，尾交首上。

　A. 巫咸国　B. 轩辕国　C. 肃慎国　D. 丈夫国

6. 共工之臣曰（　），九首，以食于九山。

　A. 烛阴　B. 夏后启　C. 相柳氏　D. 结匈

7.（　）在白民北。有树名曰雄常，先入伐帝，与此取之。

　A. 肃慎国　B. 轩辕国　C. 长股国　D. 巫咸国

8. 石者山中有一种野兽，长得像豹子，但额头生有花纹，身子是白色的，这种野兽叫（　）

　A. 耳鼠　B. 足訾　C. 孟极　D. 㶉斯

## 二、填空题

1. 南山经之首的山叫_____。

2. 柢山上有一种鱼，其状如牛，陵居，蛇尾有翼，其羽在鮥下，其音如留牛，冬死而夏生，其名曰"鲑"，食之可防_____。

3. 凡南次三经之首，自天虞之山以至南禺之山，凡一十四山，六千五百三十里。其神皆是_____身人面。

4. 夸父与日逐走，入日，渴欲得饮。饮于河渭，河渭不足，北饮大泽，未至，道渴而死，弃其杖，化为_____。

5. 鼓和钦䲵联手杀_____于昆仑之阳，天帝因此将他们杀死。

6. 奢比尸神生着野兽的身体，人的面孔，巨大的耳朵上挂着两条青蛇，在_____（国家名）的人耳朵上也挂着蛇，左耳挂_____，右耳挂_____。

7. 九尾狐生长在_____（国家名），那儿的人吃五谷，穿着华丽的丝帛做的衣服。

8. 有一种树，长得像牛，它的树皮一被拉扯就会剥落，既像人戴着帽子，又像在脱皮期的黄蛇。这种树叫_____。

一、选择题

1. B　2. A　3. A　4. C　5. B　6. C　7. A　8. C

二、填空题

1. 鹊山　2. 无肿疾　3. 龙　4. 邓林　5. 葆江　6. 雨师妾；青蛇；红蛇　7. 青丘国　8. 建木

# 爱阅读课程化丛书 / 快乐读书吧

## 外国经典文学馆

| 序号 | 作品 | 序号 | 作品 | 序号 | 作品 |
|---|---|---|---|---|---|
| 1 | 七色花 | 29 | 泰戈尔诗选 | 57 | 木偶奇遇记 |
| 2 | 愿望的实现 | 30 | 格列佛游记 | 58 | 王子与贫儿 |
| 3 | 格林童话 | 31 | 我是猫 | 59 | 好兵帅克历险记 |
| 4 | 安徒生童话 | 32 | 父与子 | 60 | 吹牛大王历险记 |
| 5 | 伊索寓言 | 33 | 地球的故事 | 61 | 哈克贝利·芬恩历险记 |
| 6 | 克雷洛夫寓言 | 34 | 森林报 | 62 | 苦儿流浪记 |
| 7 | 拉封丹寓言 | 35 | 骑鹅旅行记 | 63 | 青鸟 |
| 8 | 十万个为什么（伊林版） | 36 | 老人与海 | 64 | 柳林风声 |
| 9 | 希腊神话 | 37 | 八十天环游地球 | 65 | 百万英镑 |
| 10 | 世界经典神话与传说 | 38 | 西顿动物故事集 | 66 | 马克·吐温短篇小说选 |
| 11 | 非洲民间故事 | 39 | 假如给我三天光明 | 67 | 欧·亨利短篇小说选 |
| 12 | 欧洲民间故事 | 40 | 在人间 | 68 | 莫泊桑短篇小说选 |
| 13 | 一千零一夜 | 41 | 我的大学 | 69 | 培根随笔 |
| 14 | 列那狐的故事 | 42 | 草原上的小木屋 | 70 | 唐·吉诃德 |
| 15 | 爱的教育 | 43 | 福尔摩斯探案集 | 71 | 哈姆莱特 |
| 16 | 童年 | 44 | 绿山墙的安妮 | 72 | 双城记 |
| 17 | 汤姆·索亚历险记 | 45 | 格兰特船长的儿女 | 73 | 大卫·科波菲尔 |
| 18 | 鲁滨逊漂流记 | 46 | 汤姆叔叔的小屋 | 74 | 母亲 |
| 19 | 尼尔斯骑鹅旅行记 | 47 | 少年维特之烦恼 | 75 | 茶花女 |
| 20 | 爱丽丝漫游奇境记 | 48 | 小王子 | 76 | 雾都孤儿 |
| 21 | 海底两万里 | 49 | 小鹿斑比 | 77 | 世界上下五千年 |
| 22 | 猎人笔记 | 50 | 彼得·潘 | 78 | 神秘岛 |
| 23 | 昆虫记 | 51 | 最后一课 | 79 | 金银岛 |
| 24 | 寂静的春天 | 52 | 365夜故事 | 80 | 野性的呼唤 |
| 25 | 钢铁是怎样炼成的 | 53 | 天方夜谭 | 81 | 狼孩传奇 |
| 26 | 名人传 | 54 | 绿野仙踪 | 82 | 人类群星闪耀时 |
| 27 | 简·爱 | 55 | 王尔德童话 | | 陆续出版中…… |
| 28 | 契诃夫短篇小说选 | 56 | 捣蛋鬼日记 | | |

## 中国古典文学馆

| 序号 | 作品 | 序号 | 作品 | 序号 | 作品 |
|---|---|---|---|---|---|
| 1 | 红楼梦 | 9 | 中国历史故事 | 17 | 小学生必背古诗词70+80首 |
| 2 | 水浒传 | 10 | 中国传统节日故事 | 18 | 初中生必背古诗文 |
| 3 | 三国演义 | 11 | 山海经 | 19 | 论语 |
| 4 | 西游记 | 12 | 镜花缘 | 20 | 庄子 |
| 5 | 中国古代寓言故事 | 13 | 儒林外史 | 21 | 孟子 |
| 6 | 中国古代神话故事 | 14 | 世说新语 | 22 | 成语故事 |
| 7 | 中国民间故事 | 15 | 聊斋志异 | 23 | 中华上下五千年 |
| 8 | 中国民俗故事 | 16 | 唐诗三百首 | 24 | 二十四节气故事 |

## 名人传记文学馆

| 序号 | 作品 | 序号 | 作品 | 序号 | 作品 |
|---|---|---|---|---|---|
| 1 | 雷锋的故事 | 9 | 华罗庚传 | 17 | 司马光传 |
| 2 | 苏东坡传 | 10 | 达·芬奇传 | 18 | 屈原传 |
| 3 | 居里夫人传 | 11 | 爱因斯坦传 | 19 | 科学家的故事 |
| 4 | 中外名人故事 | 12 | 牛顿传 | 20 | 杰出人物故事 |
| 5 | 比尔·盖茨传 | 13 | 岳飞传 | 21 | 阿凡提的故事 |
| 6 | 诺贝尔传 | 14 | 戚继光传 | 22 | 孔子的故事 |
| 7 | 爱迪生传 | 15 | 张衡传 | | 陆续出版中…… |
| 8 | 达尔文传 | 16 | 诸葛亮传 | | |

## 中国现当代文学馆（语文课本作家系列）

| 序号 | 作品 | 序号 | 作品 | 序号 | 作品 |
|---|---|---|---|---|---|
| 1 | 一只想飞的猫 | 18 | 大林和小林 | 35 | 金波经典美文：树与喜鹊 |
| 2 | 小狗的小房子 | 19 | 宝葫芦的秘密 | 36 | 金波经典美文：阳光 |
| 3 | "歪脑袋"木头桩 | 20 | 朝花夕拾·呐喊 | 37 | 金波经典美文：雨点儿 |
| 4 | 神笔马良 | 21 | 小布头奇遇记 | 38 | 金波经典美文：一起长大的玩具 |
| 5 | 小鲤鱼跳龙门 | 22 | "下次开船"港 | 39 | 金波经典童话：沙滩上的童话 |
| 6 | 稻草人 | 23 | 呼兰河传 | 40 | 金波诗歌：我们去看海 |
| 7 | 中国的十万个为什么 | 24 | 子夜 | 41 | 吴然精选集：五彩路 |
| 8 | 人类起源的演化过程 | 25 | 茶馆 | 42 | 吴然精选集：珍珠雨 |
| 9 | 看看我们的地球 | 26 | 城南旧事 | 43 | 高洪波精选集：陀螺 |
| 10 | 灰尘的旅行 | 27 | 鲁迅杂文集 | 44 | 高洪波诗歌：彩色的梦 |
| 11 | 小英雄雨来 | 28 | 边城 | 45 | 肖复兴精选集：阳光的两种用法 |
| 12 | 朝花夕拾 | 29 | 小桔灯 | 46 | 刘成章散文集：安塞腰鼓 |
| 13 | 骆驼祥子 | 30 | 寄小读者 | 47 | 刘成章散文集：信天游 |
| 14 | 湘行散记 | 31 | 繁星·春水 | 48 | 曹文轩经典小说：芦花鞋 |
| 15 | 给青年的十二封信 | 32 | 爷爷的爷爷哪里来 | 49 | 曹文轩经典小说：孤独之旅 |
| 16 | 艾青诗选 | 33 | 细菌世界历险记 | | 陆续出版中…… |
| 17 | 狐狸打猎人 | 34 | 高士其童话故事精选 | | |

## 中国现当代文学馆（语文课本延伸阅读系列）

| 序号 | 作品 | 序号 | 作品 | 序号 | 作品 |
|---|---|---|---|---|---|
| 1 | 荷塘月色 | 13 | 长河 | 25 | 丁丁的一次奇怪旅行 |
| 2 | 背影 | 14 | 寒假的一天 | 26 | 小仆人 |
| 3 | 从百草园到三味书屋 | 15 | 古代英雄的石像 | 27 | 旅伴 |
| 4 | 徐志摩诗歌 | 16 | 东郭先生和狼 | 28 | 王子和渔夫的故事 |
| 5 | 徐志摩散文集 | 17 | 大奖章 | 29 | 新同学 |
| 6 | 四世同堂 | 18 | 半半的半个童话 | 30 | 野葡萄 |
| 7 | 怪老头 | 19 | 红鬼脸壳 | 31 | 会唱歌的画像 |
| 8 | 小贝流浪记 | 20 | 会走路的大树 | 32 | 鸟孩儿 |
| 9 | 谈美书简 | 21 | 秃秃大王 | 33 | 云中奇梦 |
| 10 | 女神 | 22 | 罗文应的故事 | | 陆续出版中…… |
| 11 | 陶奇的暑期日记 | 23 | 小溪流的歌 | | |
| 12 | 从文自传 | 24 | 南南和胡子伯伯 | | |

## 中国现当代文学馆（中高考热点作家系列）

| 序号 | 作品 | 序号 | 作品 | 序号 | 作品 |
|---|---|---|---|---|---|
| | 陆续出版中…… | | | | |